Seneca

dargestellt von Marion Giebel

Rowohlt

rowohlts monographien begründet von Kurt Kusenberg
herausgegeben von Uwe Naumann

Redaktionsassistenz: Katrin Finkemeier
Umschlaggestaltung: Walter Hellmann
Vorderseite: Seneca von einer Doppelherme mit Sokrates,
3. Jahrhundert, nach einem Original um 50–60. Berlin,
Staatliche Museen, Antikensammlung
(Bildarchiv Preußischer Kulturbesitz, Berlin)
Rückseite: Blick auf Córdoba, rechts antike Ruinen
(Foto: Angelika Mugler, Grünwald)
Frontispiz: Seneca-Denkmal in Córdoba,
vor der Puerta de Almodóvar

Originalausgabe
Veröffentlicht im Rowohlt Taschenbuch Verlag,
Reinbek bei Hamburg, Juni 1997

Satz Times PostScript Linotype Library, QuarkXPress 3.32
Gesamtherstellung CPI – Clausen & Bosse, Leck
Printed in Germany
ISBN 978 3 499 50575 1

7. Auflage Februar 2012

Inhalt

Die Familie 7
Die stoische Philosophie und ihre Lehrer 13
Unter Caligula 20
Claudius und Messalina 27
Exil auf Korsika 35
Die Rückkehr: Agrippina und Nero 44
Das glückliche Jahrfünft 55
Weisheitslehre – Lebenslehre 63
Ein Schauspiel für die Götter – Die Tragödien 76
Hoftragödien 97
Nach dem Rücktritt – Die Schriften an Lucilius 106
Die Pisonische Verschwörung – Senecas Tod 120
Zu Senecas Nachleben 127

Anmerkungen 133
Zeittafel 139
Zeugnisse 141
Stammtafel 144/45
Bibliographie 146
Namenregister 156
Über die Autorin 159
Quellennachweis der Abbildungen 160

Seneca mit Nero als Schüler. Statuengruppe von E. Barrón González (1858–1911). Córdoba, Rathaus

Die Familie

Seneca, der Philosoph, der in seinen Schriften den stoischen Gleichmut pries, hat zugleich Tragödien geschrieben, die sich durch grelles Pathos und exzessive Leidenschaft auszeichnen. Als Lehrer und Berater Kaiser Neros stand er an der Spitze des römischen Reiches, doch er starb den Tod eines Hochverräters. Um soviel Gegensätzliches in den Blick zu bekommen, bietet sich eine Formel von Friedrich Nietzsche an. Er hat Seneca den «Toreador der Tugend» genannt und ihm damit die Arena als sein Wirkungsfeld zugewiesen.[1] In Senecas Lebenszeit, dem ersten nachchristlichen Jahrhundert, lebte und starb man in der Tat bühnenreif: heute auf den Höhen des Glücks, morgen Opfer eines jähen, gewaltsamen Todes. Sejan, der Günstling des Tiberius, Kaiser Caligula, Kaiserin Messalina und schließlich Nero sind die prominentesten Beispiele. Dem Untergang der Großen folgten Säuberungswellen, denen wahllos viele Römer zum Opfer fielen, die oft nur durch Adel und Abstammung in den Kreis der Mißliebigen gerieten.

Der Tod war allgegenwärtig, um so kostbarer war das Leben. Es zeigte das Wirken der zerstörerischen Kräfte des Menschen, forderte aber andererseits dazu heraus, sich seiner unzerstörbaren Substanz zu versichern. Seneca, der Philosoph und Tragödiendichter, stellte sich der Herausforderung seines Zeitalters: Er wollte zeigen, wie man lebt und wie man leben sollte.

Seine Familie gehörte zum Ritterstand und stammte aus Corduba, Córdoba im heutigen Andalusien. Dort ist Lucius Annaeus Seneca um die Zeitenwende geboren. Trotz sorgfältiger Recherchen ist es nicht gelungen, sein Geburtsjahr zweifelsfrei zu bestimmen: Es war zwischen 4 vor und 1 nach Christi Geburt, am ehesten wohl 1 v. Chr.[2] Corduba war ursprünglich ein iberischer Ort, bis hier um 152 v. Chr. eine römische Stadt gegründet wurde, die bald einen großen wirtschaftlichen und kulturellen Aufschwung nahm. Als Hauptstadt der Provinz Baetica – nach dem Fluß Baetis benannt, dem heutigen Guadalquivir – wurde sie zu einem Zentrum der Romanisierung. Man weiß nicht, ob Senecas Familie auf die iberische Urbevölkerung zurückging oder ob die Annaei Abkömmlinge römischer Siedler waren. Für letzteres spricht das Ansehen, das Senecas Vater Lucius Annaeus Seneca der Ältere (ca. 55 v. Chr. bis 37 n. Chr.) in Rom genoß.

Senecas Familie war begütert; man kann neben Landbesitz mit Olivenanbau an Pachterträge aus den dortigen Bergwerken denken. So konnte sich der Vater neben seiner Amtstätigkeit in der kaiserlichen Verwaltung und neben seinen Geschäften ausgedehnte Studienaufenthalte in Rom leisten. Dort hörte er die bekanntesten Redner seiner Zeit und erlebte einen bedeutsamen Wandel in der Bildungsgeschichte Roms.

Die Rhetorik, die Leitwissenschaft des römischen Erziehungssystems, war bisher darauf abgestimmt gewesen, den jungen Römer für seine Aufgaben im Staat auszubilden. Er mußte als Anwalt auf dem Forum juristische Fälle verhandeln, im Senat seine politische Meinung abgeben, vor der Volksversammlung sprechen, als Ädil, Prätor und Konsul vielfältige Aufgaben wahrnehmen, zu denen jeweils öffentliche Stellungnahmen gehörten. Cicero war das große Vorbild des allumfassend gebildeten, überzeugend auftretenden Römers, der auf dem Forum, im Senat wie in der Volksversammlung seinen Mann stand. Aber Cicero hatte sich mit seinen «Philippischen Reden» gegen Marcus Antonius buchstäblich um Kopf und Kragen geredet. Er fiel als Opfer der Militärdiktatur, und mit ihm starb nicht nur die römische Republik, sondern auch das Ideal des römischen Redners. Dessen Ausbildung und Tätigkeit war auf die Mitwirkung in einer res publica ausgerichtet gewesen, die, wie Cicero es formulierte, eine res populi, die Sache des Volkes, war oder sein sollte. Seit Caesars Diktatur gab es diese res publica nicht mehr. Der Bürgerkrieg nach Caesars Ermordung an den Iden des März 44 v. Chr. wurde schließlich durch die Alleinherrschaft seines Adoptivsohnes und Erben Octavian beendet, der als Augustus den Prinzipat begründete. Diese Regierungsform sollte nach dem Willen ihres Schöpfers die noch lebensfähigen Elemente der römischen Republik bewahren, gleichzeitig aber durch eine monarchische Spitze den Gefahren neuer Bürgerkriege vorbeugen. Augustus hatte aus dem Beispiel Caesars gelernt; er vermied dessen autokratischen Führungsstil und trat nicht als Diktator, sondern als Princeps, als der Erste Mann im Staat auf. Die Pax Augusta, die lange Friedens- und Erholungszeit, die er dem gesamten Reich nach den blutigen Bürgerkriegsjahren bescherte, und die Stabilität seines Staatsbaues, die auch unfähige Nachfolger überdauerte, sprechen zu seinen Gunsten.

Was sich im Staat und für den einzelnen geändert hatte, wurde im Bereich der Rhetorik evident. Der junge Römer wurde zwar weiterhin als Redner und Anwalt ausgebildet und war im Prinzipat durchaus nicht zum Schweigen verurteilt. Die Kaiser nahmen Anteil am Gerichtswesen, es wurden Plädoyers gehalten, und man konnte im Consilium, im Rat des Princeps, seinen sachverständigen Rat abgeben und seine juristischen Kenntnisse zur Geltung bringen. Aber es gab keine aufsehenerregenden Prozesse mehr wie zu Ciceros Zeiten, keine Reden gegen Aufrührer und

Cicero. Florenz, Uffizien

Volksfeinde, gegen einen Catilina oder Marcus Antonius. Man mußte keine unruhige Volksversammlung mehr zu überzeugen suchen oder in turbulente Wahlkämpfe eingreifen. Und so zog sich die Redekunst vom Forum in die Schule zurück; statt großer Volks- und Staatsreden übte man sich in Deklamationen, in Reden über fiktive Rechtsfälle. Man trug Suasorien vor, Beratungsreden, oder Controversien, die das Für und Wider eines Rechtsfalles darstellten, jetzt aber zu reiner Unterhaltung wurden. Es entstand ein öffentliches Vortragswesen, bei dem Redner als Virtuosen brillierten. Ob dieser «Show-Stil» modern oder eine Verfallserscheinung war, wurde diskutiert, von Tacitus in seinem Rednerdialog (Dialogus de oratoribus) und auch von Seneca dem Älteren.

Dieser schrieb auf Wunsch seiner Söhne ein rhetorisches Werk, in dem er die Redner seiner Zeit darstellt und kritisiert und die Themen der suasoriae und controversiae skizziert. Ihm verdanken wir die Kenntnis der oft romanhaft übersteigerten fingierten Rechtsfälle und der theaterhaften Vortragspraxis in der frühen Kaiserzeit. Dieses Werk hat seinem Verfasser den Namen Seneca Rhetor eingebracht, ursprünglich zur Unterscheidung von seinem gleichnamigen Sohn, Seneca Philosophus; man glaubte aber später, daß der ältere Seneca selbst Redelehrer gewesen sei (sofern man ihn überhaupt von seinem Sohn zu unterscheiden wußte). Der Vater Seneca liebt die klassische Redeweise Ciceros und kritisiert die Übertreibungen des modernen Stils, ist aber einsichtig genug, um nicht ins Archaisieren zu verfallen. Einmal nennt er einen Redner «hominem inter scholasticos sanum, inter sanos scholasticum – einen Mann, der unter den Gelehrten ganz normal wirkt, unter normalen Menschen aber als Gelehrter»: eine Wendung, die seine Distanz zum Deklamatorenwesen erkennen läßt, in ihrer Pointiertheit aber den Stil seines Sohnes vorwegnimmt.[3]

Das rhetorische Werk war seinen drei Söhnen gewidmet: Lucius Annaeus Seneca, dem späteren Philosophen, sowie dem ältesten, Novatus, und Mela, dem jüngsten. Novatus wurde später, wie dies in Rom öfter vorkam, von einer kinderlosen Familie adoptiert, und zwar von der des Rhetors Junius Gallio. Unter seinem neuen Namen Gallio ging er in die Geschichte ein, denn als er im Jahr 52 Statthalter der Provinz Achaia (Griechenland) war, erschien vor seinem Richterstuhl in Korinth der Apostel Paulus, den die Juden angeklagt hatten. Gallio war kein zweiter Pilatus; er wies die Klage ab, denn es handele sich hier um Streitfragen über religiöse Lehren.[4] Mela blieb in Corduba; sein Sohn Marcus Annaeus Lucanus wurde als Dichter des Epos «Pharsalia» berühmt und starb wie sein Vater und dessen Brüder als Opfer Neros.

Die Mutter Helvia lernen wir aus dem Trostbrief kennen, den Seneca aus dem Exil in Korsika an sie schrieb. Sie war offenbar beträchtlich jünger als ihr Gatte (dieser war im reifen Alter gestorben, während ihr Vater noch lebte) und war in ihrem Bestreben, sich eine umfassende Bildung anzueignen, von ihrem Gatten eingeschränkt worden. Hierin war der Vater, wie Seneca sagt, von allzu großer altertümlicher, provinzieller Strenge; er hatte Frauen vor Augen, die sich mit den Wissenschaften beschäftigen, um sich damit herauszuputzen und anzugeben, nicht um innere Werte zu gewinnen. Wir kennen von Juvenal das satirische Bild der Frau, die beim Gastmahl sogleich die Unterhaltung an sich reißt und über literarische Themen diskutieren will, was einen gewissen Ermüdungseffekt bei ihren Partnern hervorruft. «Sit non doctissima coniunx – Und nicht zu gescheit sei mir die Gattin», bemerkt der Dichter Martial augenzwinkernd als einen seiner Wünsche an das Leben.[5] Helvia besaß eine rasche Auffassungsgabe, so daß sie sich genügend Grundwissen, auch in der Philosophie, aneignen konnte. Während ihr Mann in Rom weilte, stand sie in Corduba dem Hauswesen vor, und nach seinem Tode verwaltete sie das Vermögen der Söhne, führte also wohl auch die umfangreichen Geschäfte weiter, die den Grundstock des Familienvermögens bildeten. Und als die Söhne dann zu Rang und Ansehen kamen, wollte sie keinen Anteil daran; sie war nicht, sagt Seneca, wie jene Mütter, die Machtpositionen ihrer Kinder ausnutzen, um durch diese ihren eigenen Ehrgeiz zu befriedigen. Seneca sollte eine solche Mutter noch

Forum Romanum, links Kaiserpaläste

kennenlernen. Helvia hatte eine ältere Schwester (oder Stiefschwester), von der Seneca erzählt, daß sie ihn auf den Armen trug, als er zum erstenmal nach Rom kam, wo er seine Erziehung und Ausbildung erhielt. Von Kind auf sollte er schon den sermo urbanus, die feine hauptstädtische Redeweise, erlernen, die für einen gebildeten Römer der oberen Kreise unerläßlich war.[6]

Der junge Seneca absolvierte wie üblich den Unterricht beim Elementarlehrer, dem grammaticus, wo er neben den Grundschulkenntnissen die Dichter kennen und lieben lernte. Es folgte die Ausbildung beim Rhetor, wo mit der Redekunst zugleich auch die bonae artes, die schönen Künste, wie griechische und lateinische Literatur und römische Geschichte, gelehrt wurden. Mit Eifer widmete er sich dann dem Studium der Philosophie. Als Seneca etwa zwanzig Jahre alt war, mußte er seine Studien unterbrechen, um ein hartnäckiges Leiden zu kurieren, das ihm schwer zu schaffen machte. Als Katarrh hatte es begonnen, dann waren Husten, Fieber und schwere Atemnot mit Erstickungsanfällen dazugekommen. Der junge Mann magerte stark ab und wurde depressiv. Die Eltern schickten ihn schließlich nach Ägypten, wo sich Helvias Schwester seiner annahm. Ihr Mann, C. Galerius, war unter Kaiser Tiberius hier Statthalter (Präfekt). Der junge Seneca sollte versuchen, in der trockenen, milden Luft Ägyptens Heilung zu finden für seine Krankheit, bei der es sich möglicherweise um Tuberkulose und Bronchialasthma gehandelt hat.[7] Bis in unsere Zeit war Ägypten ein Ziel für Kranke mit Asthma und Lungenleiden. Senecas Zustand besserte sich, und er kehrte mit Tante und Onkel im Jahr 31 nach Rom zurück. Auf der Seereise, während eines heftigen Sturms, starb Galerius. Die Tante bemühte sich in der Folgezeit bei ihren und ihres Mannes alten Freunden um Unterstützung für ihren Neffen. Sie hatte Erfolg: Seneca wurde Quästor (34/35 n. Chr.), einer der den Konsuln und Statthaltern untergeordneten Verwaltungsbeamten. Das Amt war das erste im cursus honorum, der römischen Ämterlaufbahn; sein Träger wurde Mitglied des Senats.

Die stoische Philosophie und ihre Lehrer

Seneca berichtet später, daß er während seiner gesundheitlichen Krise allen Lebensmut verloren hatte und sogar an Selbstmord dachte. Neben der Pflege durch seine Tante und dem Zuspruch von Freunden war es vor allem die Philosophie, die ihm gleichsam zu einem neuen Leben verhalf.[8]

Er hatte sich der Stoa angeschlossen. Ihr Gründer, Zenon von Kition auf Zypern, hatte um 320 v. Chr. in Athen eine Philosophenschule eröffnet. Sie hatte ihren Namen von dem Versammlungsort ihrer Anhänger, einer mit Malereien geschmückten Säulenhalle, der Stoà poikíle. Außerdem gab es noch die Schule der Akademiker, der Jünger Platons, dann die Peripatetiker mit dem Schulgründer Aristoteles und die Kyniker mit ihrem bekanntesten Vertreter Diogenes. Um 307 v. Chr. war Epikur nach Athen gekommen; seine Wirkungsstätte hieß Kepos, der Garten.

Alle Schulen waren geprägt durch die Sokratik. Von Sokrates stammte sowohl der methodische Ansatz des Fragens und Definierens als auch das Anliegen der Philosophie, die «Sorge um die Seele, daß sie möglichst gut werde». Sokrates war für seine Überzeugung in den Tod gegangen und zum «Vater der Philosophie» geworden, der er den Grundsatz vom absoluten Primat der Aretē, der Tugend, vermacht hatte. Der Gründer der Stoa, Zenon, übernahm die Einteilung der Philosophie in drei Teile: Logik, Physik und Ethik. Zur Logik gehören die Dialektik und Rhetorik mit Poetik und Grammatik sowie die Erkenntnistheorie. Die Physik oder Naturlehre der Stoa kennt als Grundprinzip der Welt eine göttlich-geistige Kraft (Pneuma, Nous), die alles durchwaltet und Weltvernunft, Geist, Gott, Vorsehung und Schicksal zugleich ist. Diese Kraft wirkte auch bei der Entstehung des Kosmos, als ein Urfeuer, aus dem sich die Elemente Äther, Wasser, Erde, Luft entwickelten. In periodischen Abständen – dem großen Weltenjahr (ca. 12000 Jahre) – wird die Welt im Feuer zerstört (Ekpyrosis) und entsteht dann von neuem. Der Mensch besitzt einen Funken des göttlichen Geistes und damit Keimkräfte des Logos, die er erst entwickeln muß, um sein wahres Sein herauszubilden. Der Mensch und das All entsprechen sich als ein lebendiger Organismus, als Makro- und Mikrokosmos. So führt die Physik zur Anthropologie und zur Ethik, dem Herzstück des stoischen Systems. Aus der Schau der gött-

Seneca und Sokrates. Doppelherme, 3. Jahrhundert, nach einem Original um 50–60. Berlin, Staatliche Museen, Antikensammlung

lichen Weltnatur wird der oberste Grundsatz der Ethik abgeleitet: gemäß der Natur zu leben (τῇ φύσει ὁμολογουμένως ζῆν – secundum naturam vivere). Die Natur will, daß der Mensch glücklich lebt; diese Glückseligkeit (Eudaimonia) wird ihm aber nur zuteil, wenn er in sich ruht, die Apathia erreicht, das Freisein von Affekten. Wer sich von seinen Begierden, von der Sucht nach Macht und Ehre, Ruhm und Reichtum und anderen Dingen treiben und beherrschen läßt, wird keine innere Ruhe finden und der Spielball der Fortuna sein. Für den Weisen, das heißt denjenigen, der nach den Regeln der Philosophie lebt, gibt es nur ein wirkliches Gut, die Tugend, die sittliche Vollkommenheit: Aretē, virtus, die auch das honestum, das Ehrenhafte, genannt wird. Sie umfaßt die vier Kardinaltugenden Gerechtigkeit, Mäßigung, Tapferkeit und Klugheit und das daraus entspringende soziale und humane Handeln. Nach diesem höchsten Gut muß der Mensch streben; das größte Übel, die sittliche Fehlhaltung (wie Habgier, Grausamkeit, Machtstreben, maßlosen Ehrgeiz, Menschen- und Götterverachtung), hat er zu meiden. Mit Hilfe seiner Vernunft, dieser göttlichen Gabe, verschafft er sich die rechte Einsicht in das Wesen der Dinge. Dann erkennt er, daß alle sogenannten Güter nur Adiáphora oder indifferentia sind, «Dinge, auf die es nicht

Platon. Römische Marmorkopie nach einem Original aus der Mitte des 4. Jahrhunderts v. Chr. München, Glyptothek

ankommt», wertneutrale Güter. Wenn sie vom Schicksal geschenkt werden, darf man sie annehmen; man darf sie auch als angenehm empfinden, wie die Gesundheit, aber man muß auch ruhigen Herzens auf sie verzichten können. Der einzig wirkliche Wert, die Tugend, kann nicht geraubt werden, daher trägt der Weise alles Seinige immer bei sich. Diese philosophische Haltung, zu der die Beherrschung der Affekte gehört, muß eingeübt werden: Philosophieren ist eine lebenslange Übung (Askesis, exercitatio).

Als die Römer die Nachfolge der hellenistischen Königreiche antraten, kamen sie auch mit der griechischen Philosophie in Berührung. Panaitios von Rhodos (ca. 180–109 v. Chr.) und Poseidonios von Apameia (ca. 135–51 v. Chr.), die Vertreter der mittleren Stoa – nach der älteren mit Zenon, Chrysipp und Kleanthes – übten große Wirkung auf viele bedeutende Persönlichkeiten aus. Scipio Africanus der Jüngere war mit Panaitios befreundet, Cicero war ein Schüler des Poseidonios auf Rhodos. Von besonderer geistiger Tragweite für das junge römische Weltreich wurde der stoische Gedanke eines humanitären Kosmopolitismus. Da in allen Menschen der göttliche Funke lebt, sind sie Bürger einer Welt. Der Mensch ist in Analogie zum Kosmos geschaffen, in dem eines

Zenon. Hermenbüste, römische Kopie nach einem griechischen Original aus dem 3. Jahrhundert v. Chr. Neapel, Museo Nazionale Archeologico

mit dem anderen zu einer harmonischen Ordnung, einem Zusammenwirken, verbunden ist. Daher kann er sich nur als Gemeinschaftswesen wahrhaft verwirklichen. In Rom verband sich im sozialen und politischen Bereich stoisches Denken mit der römischen Wertewelt. Die Traditionen der Vorfahren, die exempla bedeutender Männer, gaben Richtlinien, die sich mit den philosophischen Lehrsätzen verknüpfen ließen. Der römische Grundwert war die virtus, die längst nicht mehr nur kriegerische «Mannhaftigkeit» umfaßte, sondern zum Ideal einer beherrschten, verantwortungsbewußten Persönlichkeit geworden war. Das Wirken in der staatlichen Gemeinschaft, in der res publica, war seit jeher die Bestimmung des Römers. So konnte die stoische Schule mit dem Römertum eine nachhaltige Verbindung eingehen, die über Schulgrenzen und Dogmatik hinauswirkte. Cicero, der sich zur Schule der platonischen Akademie bekannte, hat in seinem Staatsdenken und in seiner Pflichtenlehre stoisches Gedankengut ins römische Denken und Handeln eingebracht. Marc Aurel regierte das römische Weltreich als Stoiker und römischer Kaiser.

Dieser Philosophie verpflichtete sich auch Seneca, der auf dem Höhepunkt seines Wirkens einen Kaiser lenkte und leitete. Lebenslang behielt er die Begeisterung für die stoische Lebenslehre, die ihm in der Jugend vermittelt worden war und die ihm dann über die Krisen seines Lebens hinweghelfen sollte. Er erzählt von seinen Lehrern und ihrem Unterricht, der geeignet gewesen war, junge Menschen anzusprechen. Seneca und seine Freunde hörten bei dem Stoiker Attalus. Sie kamen als erste und gingen als letzte, ja sie bedrängten den Philosophen sogar bei seinen Spaziergängen mit Fragen. Er ging bereitwillig auf seine Schüler ein, denn Lehrer und Schüler müßten auf das gleiche Ziel eines inneren Fortschritts ausgerichtet sein. *Wer einen Philosophen besucht, muß täglich etwas mitnehmen: Er muß gesünder oder doch zur Gesundung eher bereit nach Hause gehen. Darin beruht ja die Kraft der Philosophie, daß sie ihre Schüler fördert.*[9] Wir erfahren auch, daß in der Schule des Attalus nicht nur solch eifrige Adepten waren wie der junge Seneca. Es gab andere, für die die Schule des Philosophen nur ein deversorium otii, eine Herberge des Zeitvertreibs, war. Es ging ihnen nicht darum, ihre Persönlichkeit zu entwickeln, sondern einen Ohrenschmaus zu genießen. Manche hatten Schreibtäfelchen dabei und notierten sich alle Kernsätze des Lehrers, aber nur, um sie bei Gastmählern zu zitieren und dadurch Eindruck zu machen. Auch Geizhälse beklatschten dann eine geschliffene Sentenz über die Verachtung des Reichtums.

Der wahre Schüler der Philosophie aber muß aus den Worten des Lehrers einen Appell heraushören, sein ganzes Leben, seine Haltung und Einstellung grundlegend zu ändern. Um eine solche Umkehr zu erreichen, ist eine wirkungsvolle, kunstreiche Redeweise durchaus geeignet, meint Seneca – nur darf sie nicht Selbstzweck sein, sondern muß als Heilmittel zu Nutz und Frommen der Hörer dienen. So war es bei Attalus, der seinen Schülern das Bild eines römischen Triumphzugs vor Augen führte, den er einmal gesehen hatte. Alle Pracht, aller Luxus und Reichtum der ganzen Welt wurden da zur Schau gestellt: Und das alles war doch im Grunde überflüssig – für solche Dinge sollte man sich ein Leben lang plagen? So einprägsam wußte Attalus zu reden, daß sich Seneca noch im Alter genau daran erinnerte. Eloquentia und sapientia, Redekunst und Philosophie, so lernte er damals, sollen miteinander im Bunde sein, nur so können sie den Menschen wahrhaft nützen. Dies war schon Ciceros Forderung gewesen, und Seneca machte sie sich zu eigen.

Attalus war Stoiker, aber seine Unterweisung war keine schulmäßig beschränkte Kathederphilosophie, sondern Lebenslehre. Er wandte sich, wie auch die Vertreter der anderen Philosophenschulen, gegen Luxus, gegen Leidenschaften und Begierden, die den Menschen unfrei machen und ihn hindern, sich der Entwicklung und Vervollkommnung seiner Persönlichkeit zu widmen. Für diesen Weg in die innere Freiheit und Unabhängigkeit gab Attalus seinen Schülern praktische Anweisungen. Alles, was das alltägliche Bedürfnis übersteige, sei nur eine überflüssige Belastung für Körper und Geist – so vor allem der unsinnige Tafelluxus mit immer ausgefalleneren, exotischen Leckereien, die nicht nur den Magen, sondern auch den Geldbeutel ruinieren. Auch übermäßigen Weingenuß und heiße Bäder lehnte Attalus ab, und Seneca folgte ihm darin. Ja, er erklärte später, daß er in seinem Alter immer noch auf einer harten Matratze schlafe, wie es sein Lehrer damals geraten habe.

Neben Attalus hörte Seneca auch bei Sotion, einem Philosophen, der zwar der Stoa nahestand, aber ein Nachfolger des Neupythagoreers Q. Sextius war. Letzterer hatte zur Zeit des Augustus in Rom nicht nur eine Schule, sondern, wie es den Grundsätzen des Pythagoras entsprach, eine Lebensgemeinschaft gegründet. Dem pythagoreischen Glauben an die Seelenwanderung entsprechend verzichtete man auf Fleischgenuß. Diese Auffassung, nach der nichts untergeht, sich vielmehr alles beständig wandelt und auch die Seelen in einem steten Kreislauf sind, hatte in der frühen Kaiserzeit viele Anhänger gefunden. Auch Ovid zeigt sich am Ende seiner «Metamorphosen» davon beeinflußt. Sotion trug diese Gedanken seinen Schülern vor, ließ ihnen jedoch freie Hand, ob sie seiner Überzeugung beipflichten wollten oder nicht. Er wies allerdings darauf hin, daß der Vegetarismus in jedem Falle von Vorteil sei. Sextius habe gesagt, das Zerstückeln von Lebewesen zum eigenen Genuß erziehe zur Grausamkeit. Und der Mensch müsse sich nicht wie Löwen und Geier ernähren. Seneca folgte diesem Rat und hatte bald das Gefühl, daß sein Geist freier und leichter wurde.

Von den Pythagoreern stammte auch eine Übung, die in die philosophische Praxis aller Schulen übergegangen war: die tägliche Gewissensprüfung. Später erzählte Seneca, wie er allabendlich diese von Sextius empfohlene Selbsterforschung vornahm. Das Licht ist gelöscht, seine Frau, seit langem vertraut mit seiner Angewohnheit, verhält sich still, und er geht den ganzen Tagesablauf noch einmal durch und gibt sich schonungslos Rechenschaft, etwa wo er jemanden zu scharf kritisiert und dadurch beleidigt habe. So werden schlechte Angewohnheiten oder Leidenschaften wie zum Beispiel der Zorn gemäßigt und besser unter Kontrolle gehalten, wenn sie gleichsam wissen, daß sie jeden Tag vor dem Richter erscheinen müssen. Und wie gut schläft man dann, wenn man sich zuvor kritisch betrachtet und sich mit Lob und Tadel auf den rechten Weg gebracht hat.[10]

Die Schriften des Sextius richteten Seneca immer wieder auf und entließen ihn voller Selbstvertrauen. Hier ging es wie bei seinem Lehrer Attalus nicht um schwierige Lehrsätze, um das unerreichbare Ideal des vollkommenen Weisen; es wurde nicht zum Disputieren, sondern zum Leben erzogen. Davon wurde Seneca geprägt: Die Philosophie war für ihn kein Lehrgebäude, sondern ein Haus, um darin zu leben und schließlich auch zu sterben. In diesem Haus sollte man nicht allein wohnen, sondern mit gleichgesinnten Freunden, mit denen gemeinsam man sich seine Fortschritte oder auch Rückschritte bewußtmachte. Auch diese Maxime blieb für Seneca bestimmend. Seine Philosophie entfaltete sich im Dialog mit einem Partner, dem Bruder Novatus und Freunden wie Serenus oder Lucilius.

Für Senecas Philosophieren galten also von Jugend auf folgende Grundsätze: das Streben nach innerer Freiheit durch Abweisung von belastenden Äußerlichkeiten, Kontrolle über die Affekte in stetiger Selbstprüfung, Lebenslehre statt Theorie, philosophische Lebensgemeinschaft mit Freunden. Diese Grundprinzipien lassen sich nicht ausschließlich einer philosophischen Schule, wie der Stoa, zuweisen. Horaz, der sich in einem wenn auch lockeren Bunde mit Epikur weiß, berichtet ebenfalls von der abendlichen Gewissensprüfung, die Hingabe an äußere Güter wird in allen philosophischen wie religiösen Lehren abgelehnt, und die Freundschaft wird von Akademikern, Peripatetikern, Epikureern und Stoikern gleichermaßen gepriesen. Obwohl sich Seneca als Stoiker versteht, erklärt er: *Veneror inventa sapientiae inventoresque; adire tamquam multorum hereditatem iuvat. Mihi ista adquisita, mihi laborata sunt – Ich verehre die Erfindungen der Weisheit und ihre Erfinder; sich sozusagen das Erbe all der vielen anzueignen, macht Freude. Für mich ist das erworben, für mich ist es erarbeitet worden.*[11] Die Philosophie soll keine secta, kein esoterischer Zirkel, sondern eine universale Lebenslehre sein, denn wichtiger als die Zugehörigkeit zu einer bestimmten Schule ist es, daß man überhaupt philosophisch lebt. Zu Senecas Vorbildern gehören nicht nur die großen Philosophen wie Sokrates, sondern auch Persönlichkeiten wie Cato der Jüngere, der strenge Moralist, oder andere vorbildliche Männer aus Roms Geschichte, denn: *Handeln lehrt die Philosophie, nicht reden*[12], sagt er. Als Lebenslehre muß sie sich in Roms Wirklichkeit bewähren.

Unter Caligula

Senecas Vater wollte zwar, daß sich sein Sohn in Rom eine umfassende Bildung aneigne; er mißbilligte es aber, daß dieser sich der Philosophie völlig in die Arme warf und bei seiner schwachen Konstitution asketisch und vegetarisch lebte. Zudem galt der Vegetarismus, oder der Verzicht auf das Fleisch bestimmter Tiere, damals als eine bedenkliche Sache, gehörte dies doch zum Brauch in ausländischen Kulten wie dem der Isis-Verehrer oder der Juden, die von Staats wegen beargwöhnt wurden. Senecas Vater drängte den Sohn, zu seinen früheren Essensgewohnheiten zurückzukehren – nicht weil er eine Anzeige fürchtete, sondern weil ihm die Philosophie zuwider war, meint Seneca. Wir denken daran, wie Seneca der Ältere auch die Mutter vom allzu tiefen Eindringen in die Philosophie zurückhielt. Er neigte wohl noch zu der altväterlichen Ansicht: «Philosophieren ja, aber nicht zuviel», wie es in einem bekannten Zitat aus einem Drama des Ennius hieß. Vielleicht war er sich aber auch über die geradezu umstürzlerische Gewalt der Philosophie im klaren, und er wollte seinem Sohn ein gefährdetes Außenseiterdasein ersparen. Jedenfalls ließ sich Seneca wieder zu einem reichhaltigeren Essen überreden, und er konnte unangefochten die ersten Karriereschritte machen.

Ein junger Mann, der keiner der alten Adelsfamilien Roms entstammte, mußte sich als homo novus, als neuer Mann, seinen Weg bahnen. Hierbei war immer noch, wie zu Ciceros Zeiten, ein Talent als Redner förderlich. Im Centumviral-Gericht, dem Kollegium der «Hundert Männer», in der Basilica Julia auf dem Forum, wurden Zivilprozesse verhandelt, die zwar nicht spektakulär waren, aber zu Beziehungen verhalfen. Dies war sehr wichtig in der römischen Politik, die keine Parteien im modernen Sinne kannte.

Die Beziehungen seiner Tante hatten Seneca geholfen, das Amt des Quästors zu erhalten, nun verhalf ihm seine Redegabe dazu, sich auch als Mitglied des Senats zu etablieren. Hier ging es nicht nur um beratende Stellungnahmen zur Staatsverwaltung. In der Kaiserzeit diente der Senat immer mehr als Gerichtshof für außerordentliche Kriminalprozesse und als Standesgericht, das heißt als Gerichtshof für angeklagte Senatoren,

Die Philosophie mit Seneca (zweiter von rechts). Fresko von P. Tibaldi und V. Carducci, 1587. Madrid, Bibliothek des Escorial

vor allem in den Majestätsprozessen, die seit den späteren Jahren des Tiberius immer häufiger wurden. Die Angeklagten wurden beschuldigt, sich «staats- und kaiserfeindlich» verhalten zu haben (crimen laesae maiestatis), ein dehnbarer Vorwurf, der zudem noch oft durch berufsmäßige Ankläger vorgebracht wurde und dazu diente, Verdächtige und Mißliebige aus dem Wege zu räumen. Die Strafe lautete auf Verbannung oder Tod. Der Senator, der zugunsten eines angeklagten Standesgenossen sprach, konnte sich um Kopf und Kragen reden, wie einst Cicero. Insofern war die kaiserzeitliche Redekunst nicht nur Schulrhetorik.

Die Regierungszeit des Tiberius war inzwischen zu Ende gegangen; in den letzten Jahren hatte zuerst sein Günstling Sejan und nach dessen Sturz der alternde Kaiser selbst eine Schreckensherrschaft aufgerichtet, der viele Römer zum Opfer gefallen waren. Bei der Nachricht vom Tod des Achtundsiebzigjährigen brach das Volk in den Ruf aus: «Tiberius in Tiberim – in den Tiber mit Tiberius!» Es erhoffte eine neue, glückliche Zeit von dem neuen Kaiser, Tiberius' Großneffen Gaius. Dieser war der Sohn des beliebten, allzu früh verstorbenen Germanicus und hatte seinen Vater schon als Kind ins Feldlager begleitet. Dort hatte er als vergötterter Liebling der Soldaten den Beinamen Caligula (Soldatenstiefelchen) erhalten.

Forum Romanum, im Vordergrund die Reste der Basilica Julia

Caligulas Regierungszeit ließ sich vielversprechend an, doch bald zeigte sich, daß der junge Kaiser nicht die charakterliche und sittliche Kraft besaß, um das Reich in der Nachfolge des Augustus zu regieren. Er wollte nicht der Erste Bürger sein, sondern als unumschränkter Herrscher regieren. Man hat sich gefragt, ob die zahllosen unsinnigen und grausamen Maßnahmen des Caligula einer kranken Psyche entsprangen. Sueton berichtet in seiner Biographie von einer schweren Krankheit, die möglicherweise Wesensveränderungen mit sich brachte. Auch waren die Erschütterungen seiner Jugend wohl nicht spurlos an ihm vorübergegangen, zuerst der frühe Tod seines Vaters Germanicus, der möglicherweise einem Giftmord zum Opfer fiel, dann die Ausrottung seiner Familie durch Tiberius und schließlich die erzwungene Lebensgemeinschaft mit dem verdüsterten Herrscher in dessen Zurückgezogenheit auf Capri. Nur durch stillschweigende Unterwerfung konnte er sich am Leben halten. Seine spätere Maxime: «Mögen sie mich hassen, wenn sie mich nur fürchten!»[13] bewies, was er bei Tiberius gelernt hatte.

Freilich hatte Caligulas despotischer Wahnsinn durchaus Methode. Er war nicht nur mit Augustus, sondern über seine Großmutter Antonia die Jüngere auch mit Marcus Antonius verwandt. Dieser hatte von Ägypten aus ein Reich errichten wollen, das sich am Gottkönigtum der Ptolemäer orientierte. Er war an Augustus gescheitert, der seinen Staatsbau nach den Grundsätzen der römischen Senatsregierung ausrichtete. Jedoch hatte auch Augustus nicht verhindern können, daß ihm die Ostprovinzen des römischen Reiches göttliche Ehren darbrachten, wie es der Tradition aus den Zeiten der hellenistischen Könige entsprach. Diese hatten sich als Sotēr, als Heiland und Retter, verehren lassen. In Rom aber hatte Augustus keinerlei königliche oder göttliche Ehrungen zugelassen, sondern auf seiner Rolle als Princeps, als Erster Mann des Staates, beharrt. Doch die Alternative blieb bestehen, und Caligulas Rückgriff auf ägyptisch-ptolemäische Herrschaftsbräuche – samt der Geschwisterehe – zeigt an, daß er sich dessen bewußt war. So ließ er sich schließlich gemeinsam mit Jupiter Optimus Maximus auf dem Kapitol verehren.

Caligula, 1. Jahrhundert. Fulda, Antikensammlung Schloß Fasanerie (Adolphseck)

Um einen solchen Gott zu beleidigen und sich dadurch die Todesstrafe zuzuziehen, bedurfte es keiner besonderen Vergehen – oft genügte die bloße Existenz, um Anstoß zu erregen. Caligulas Grausamkeit machte vor seiner eigenen Familie nicht halt, auch ordnete er die Geißelung, Folterung und Hinrichtung von Senatoren an. Sein Ausspruch: «Ach, wenn das römische Volk doch nur einen Nacken hätte!» wird übereinstimmend von Seneca wie von Sueton und Cassius Dio zitiert.[14] Er hatte sich mit Eifer der Beredsamkeit gewidmet und hielt sich für den besten Redner. So trat er gern in den Senatsgerichten auf und hielt Anklage- oder Verteidigungsreden, und zwar je nach seiner Laune. Jedenfalls war es nicht opportun, sich in seiner Gegenwart rednerisch hervorzutun. Cassius Dio berichtet in seiner «Römischen Geschichte»: «Lucius Annaeus Seneca, der alle Römer seiner Zeit und auch viele andere an Weisheit überragte, wäre um ein Haar zu Tode gekommen, ohne daß er irgend etwas Unrechtes getan oder auch nur den Anschein dazu erweckt hätte. Er hatte lediglich im Senat im Beisein des Kaisers eine treffliche Rede gehalten. Caligula befahl, ihn töten zu lassen, stand jedoch davon ab, als eine der Frauen, die er um sich hatte, ihm versicherte, Seneca habe Schwindsucht in fortgeschrittenem Stadium und werde sowieso bald sterben.» Senecas Redeweise aber bezeichnete er abschätzig als bloße Schulrednerei und Sand ohne Kalk.[15] Die Geschichte von der Errettung des «Toreadors der Tugend» durch eine Kurtisane entbehrt nicht der Pikanterie, ohne daß sie dadurch unglaubwürdig wäre. Sie paßt in das allgemeine Bild der Bühnenhaftigkeit, des theatralischen Umschwungs. Die Berichterstatter jener Zeit wenden sich mitunter an ihre Leser und versichern ausdrücklich, daß ihre Schilderungen, obwohl höchst unwahrscheinlich klingend, dennoch der – meist traurigen – Wahrheit entsprächen.

Bei vielen Menschen hat eine Krankheit den Tod hinausgeschoben, und es wurde ihr Heil, daß es so schien, als seien sie am Sterben.[16] Möglicherweise hat Seneca mit diesen Worten später an sein Erlebnis unter Caligula erinnert. Er erwähnt ihn mehrfach in seinen Werken, meist als abschreckendes Beispiel; die Abneigung des Philosophenschülers gegenüber dem unbeherrschten Egozentriker war tief verwurzelt. Und auch der Kaiser hatte wohl mehr als einen Grund für seine Feindschaft. Wenn Seneca damals, wie Sueton und Cassius Dio bezeugen, als Redner bekannt war, so war er nicht nur durch seine brillante Redeweise aufgefallen, er dürfte sich auch durch den Inhalt seiner Reden unbeliebt gemacht haben. Er konnte im Senat schweigen oder sich als willfähriges Werkzeug des Princeps zeigen; aber das werfen ihm selbst seine späteren Ankläger nicht vor.[17] Andernfalls sah er sich genötigt, die Verteidigung von angeklagten Standesgenossen zu übernehmen, vor allem in den immer häufiger werdenden Majestätsprozessen. Daher war es nur eine Frage der Zeit, bis sich der Groll des Herrschers entlud. Caligula kannte Seneca nicht nur als Redner, sondern auch als Verfasser der *Consolatio*

Palastruinen auf dem Palatin, Rom

ad Marciam, einer Trostschrift für eine Mutter, die um ihren jungverstorbenen Sohn trauerte (das früheste der uns erhaltenen Werke). Marcia war die Tochter des Senators Cremutius Cordus, der unter Tiberius ein Geschichtswerk verfaßt hatte, in dem er Brutus und Cassius, die Caesar-Mörder und Verteidiger der Republik, gelobt und Cassius «den letzten Römer» genannt hatte.[18] Cremutius Cordus trat auch im Senat mit großem Freimut auf und wurde daher auf Veranlassung Sejans unter Anklage gestellt, sein Werk wurde verbrannt. Daraufhin setzte er seinem Leben selbst ein Ende, seine Tochter aber rettete einige Abschriften des Werkes. Am Anfang von Caligulas Regierungszeit durfte eine «entschärfte» Fassung erscheinen[19], seit der Kaiser jedoch dem Senat offen seine Feindschaft erklärt hatte, bedeutete Senecas Trostschrift, daß er im Bunde war mit der Familie eines «Regimegegners».

Wieweit er sich sonst exponiert hatte, läßt sich anhand der Quellenlage nicht feststellen, denn wir besitzen keine Vita Senecas. Er selbst hat sich nur gelegentlich und mehr beiläufig über Fakten aus seinem Leben geäußert; worauf es ihm ankam, war sein innerer Werdegang. Die Zeit, um Memoiren zu schreiben, war ihm nicht vergönnt, auch hätte eine Schilderung seiner Regierungstätigkeit ein Schwarzweißbild ergeben, dessen Veröffentlichung zu Lebzeiten Neros nicht opportun gewesen wäre. So sind wir auf die Kaiserbiographien des Sueton, die griechisch geschriebene «Römische Geschichte» des Cassius Dio (um 150 bis 235 n. Chr.) und die «Annalen» des Tacitus angewiesen. Die beiden letztgenannten Werke weisen große Lücken auf; bedauerlicherweise sind gerade die Passagen über die Zeit Caligulas mit den politischen Anfängen Senecas in den «Annalen» des Tacitus verloren.

In den letzten Lebensjahren Caligulas hatte Seneca Verbindungen zu hochgestellten Persönlichkeiten, die sich den Haß des Princeps zuzogen. Es handelte sich um dessen Schwestern Julia Livilla und Agrippina, Lepidus, den Gatten der verstorbenen Schwester Drusilla, sowie Gaetulicus, den Oberbefehlshaber der Truppen in Germanien. Caligula verdächtigte sie einer gemeinschaftlichen Verschwörung; er ließ Lepidus und Gaetulicus hinrichten und die Schwestern verbannen. Aus dieser Zeit datiert die Verbindung mit den Damen des Caesarenhauses, die für Seneca so entscheidend werden sollte. Offenbar vertrat er gemeinsam mit ihnen, den Töchtern des Germanicus, die augusteisch gemäßigten Herrschaftstendenzen gegen die autokratische Willkür Caligulas. «Mögen sie mich hassen, wenn sie mich nur fürchten!» lautete, wie bereits erwähnt, Caligulas Wahlspruch. Nun aber bewahrheitete sich das Sprichwort: «Wen viele fürchten, der muß viele fürchten.» Seneca erzählt, wie schließlich das Maß der Übel voll war und sich Caligulas Niedertracht gegen ihn selbst kehrte.[20] Cassius Chaerea, der Hauptmann der Prätorianergarde, stellte sich Anfang des Jahres 41 an die Spitze derer, die Caligula nicht mehr ertragen wollten, und führte den ersten Stoß, als der Kaiser nach dem Theater den Weg durch einen dunklen Gang nahm.

Agrippina, Drusilla, Julia: Caligulas drei Schwestern als Securitas, Fortuna und Concordia (Sicherheit, Glück und Eintracht). Zeitgenössischer Sesterz. Köln, Universität, Institut für Altertumskunde

Claudius und Messalina

Zuerst schien es, als ob der 24. Januar 41 n. Chr. nicht nur das Ende der Tyrannei, sondern der Kaiserherrschaft überhaupt bedeutet hätte. Im Senat beriet man über die Wiedereinführung der Republik. Doch die Soldaten waren schneller: Sie präsentierten ihren Imperator, den sie in einem Winkel des Palastes aufgestöbert hatten, wo er sich versteckt hielt. Es war Claudius, der Bruder des Germanicus; die Thronfolge ging also um eine Generation zurück. Daß er dem Argwohn des Tiberius und dem Wüten Caligulas entgangen war, verdankte er seiner körperlichen Behinderung. Er hinkte und stotterte, vielleicht infolge von Kinderlähmung, was ihn schon unter Augustus zu einer Randfigur in der kaiserlichen Familie gemacht hatte. Als Privatgelehrter lebte er seinen literarischen und historischen Studien und hielt sich im Windschatten der Geschichte.

Die Thronerhebung des fünfzigjährigen, unansehnlichen Claudius, der gerade erst die Konsulwürde erhalten hatte, zeugte vom immer noch wirkenden Glanz des Namens Germanicus und der Beliebtheit seiner Familie. Die Soldaten und das Volk hatten ihre Anhänglichkeit an die leiblichen Nachkommen des Augustus bewahrt, obwohl Tiberius diese verfolgt und Caligula seiner Abstammung keine Ehre gemacht hatte. In der Person des Claudius schien noch einmal die Chance gegeben, den unseligen Zwist im Hause der Caesaren beizulegen, der von beiden Zweigen der Familie, den Juliern und den Claudiern, ausging und durch die Nachfolgeregelungen des Augustus verschärft worden war.[21] Augustus hatte von seiner geliebten Gattin Livia keine Kinder; er besaß nur die Tochter Julia aus seiner früheren Ehe. Livia hatte aus ihrer ersten Ehe mit Tiberius Claudius zwei Söhne, Tiberius und Drusus. Sie waren tüchtige Heerführer, aber Augustus wollte die Nachfolge nicht ihnen, den Claudiern, zukommen lassen, sondern seiner Familie, den Juliern, die sich über Julius Caesar, seinen Adoptivvater, bis zur römischen Stammutter Venus zurückführten. Daher adoptierte Augustus seine Enkel Gaius und Lucius, die Kinder seiner einzigen Tochter Julia und seines Feldherrn Agrippa. Die beiden jungen Männer starben jedoch, ebenso wie Drusus, Livias jüngerer Sohn. Nun blieb Augustus nichts anderes übrig, als Tiberius, den älteren Sohn Livias, zum Nachfolger zu bestimmen. Als überaus

Kryptoporticus auf dem Palatin

fähiger Feldherr war er Augustus unentbehrlich, seiner düsteren Wesensart wegen fand er aber eher Respekt als Liebe. Im Bewußtsein, mehr durch den Tod der anderen als aufgrund eigenen Verdienstes erhoben worden zu sein, trat Tiberius, schon über fünfzig Jahre alt, die Nachfolge des Augustus an. Dieser hatte in seinem Testament bestimmt, daß Tiberius, obwohl er einen eigenen Sohn besaß, seinen Neffen Germanicus adoptieren und ihm den Vorrang einräumen mußte. Germanicus' Gattin Agrippina war die Tochter der Julia, somit stand Tiberius auch über den Tod des Augustus hinaus im Schatten der Julier. Germanicus, als Feldherr erfolgreich und beliebt, in seinem Auftreten von republikanischer Schlichtheit, starb in Syrien eines mysteriösen Todes. Es ging das Gerücht, Piso, der Statthalter Syriens, habe ihn, nicht ohne Wissen und Willen des Tiberius, vergiften lassen.

Claudius. Mitte des 1. Jahrhunderts. Rom, Vatikanische Museen

Die Familie des Germanicus, seine Gattin Agrippina mit ihren Kindern, genoß große Popularität im Volk, was bei Tiberius Besorgnis und Abneigung hervorrief. Agrippina, die das Gedächtnis ihres Gatten hochhielt und die Ansprüche ihrer Kinder wahrte, war keine untertänige Witwe; sie zog sich durch ihr Auftreten die Verfolgung des Tiberius zu und wurde mit ihrem ältesten Sohn Nero zusammen wegen angeblichen Hochverrats verbannt. Nach grausamer Behandlung starben beide, ebenso wie der Sohn Drusus. Caligula, den jüngsten Sohn, das «Soldatenstiefelchen», ebenfalls zu beseitigen, scheute sich Tiberius – zu groß war bereits der Unwille des Volkes und vor allem der Soldaten geworden.

Nachdem Gaius Caligula seiner Abstammung keine Ehre gemacht hatte, richteten sich die Hoffnungen auf Claudius. Dieser wollte vor dem Übervater Augustus und vor seinem hochgeschätzten Bruder bestehen.

Germanicus. Sesterz, unter Claudius geprägt. Berlin, Staatliches Münzkabinett

So war es eine seiner ersten Amtshandlungen, die Töchter des Germanicus aus der Verbannung zurückzurufen.

Die Herrschaft des Claudius brachte dem Reich und vor allem dem schwer mitgenommenen Senatorenstand zunächst eine Phase der Ruhe. Der Kaiser verdunkelte freilich seine guten Anfänge später durch sein schwankendes Wesen, das ihn von schlechten Einflüssen abhängig machte, was zur Vollstreckung zahlreicher Terrorurteile führte. Erfolgreich waren seine Bemühungen um den Aufbau einer geregelten Verwaltung, wie sie für ein Weltreich erforderlich war: eine Aufgabe, die der jugendliche Exzentriker Caligula vernachlässigt hatte. Claudius schuf einen Verwaltungsapparat mit getrennten Ressorts, wie für die Finanzverwaltung (a rationibus) oder die Abfassung kaiserlicher Erlasse (ab epistulis). Ihnen standen jeweils Freigelassene vor. Die Freigelassenen waren ehemalige Sklaven, oft gebildete Personen aus dem griechischen Osten, die sich aufgrund ihrer Tüchtigkeit hatten freikaufen können. Sie waren auf jene Bereiche spezialisiert, die unter der Würde eines vornehmen Römers waren, wie alles, was mit Handel und Wandel, mit Verwaltung und Rechnungswesen zu tun hatte. Unter den jährlich wechselnden Magistraten bewährten sie sich als unentbehrliche Kanzleibeamte, ja sie wurden unter Claudius zu den reichsten und mächtigsten Männern am Hofe, zu grauen Eminenzen.

Neben den Freigelassenen übte Messalina, die Gattin des Kaisers, einen großen und schließlich immer verhängnisvolleren Einfluß auf Claudius aus; sie war wohl nicht nur sittenlos und ihren Liebschaften hingegeben, sondern hatte durchaus Ehrgeiz. Als Urenkelin der Octavia, der Schwester des Augustus, war sie mit den Juliern verwandt, über Octavias Ehe mit Marcus Antonius konnte sie sich auch als Trägerin von dessen autokratischen Herrschaftsideen fühlen. Sie schuf sich eine bedeutende Einflußsphäre und stützte sich dabei auf die Freigelassenen, die Ressortchefs des Kaisers. Zahlreiche Todes- und Verbannungsurteile gehen auf ihr Intrigenspiel zurück, auf die unheilvollen Wechselbeziehungen von Erotik und Macht. Sie sah ihren Einfluß durch die aus der Verbannung zurückberufene Julia Livilla gefährdet. Auch mußte sie befürchten, daß Julia ihren Onkel über ihr Treiben aufklärte. «Messalina hatte Zorn auf ihre Nichte Julia, weil diese ihr weder Ehrenbezeugungen noch Schmeicheleien erwies, und sie war eifersüchtig auf sie, denn sie war sehr schön und hielt sich des öfteren allein bei Claudius auf. Daher setzte sie ihre Verbannung durch, indem sie verschiedene Anklagen gegen sie erhob, darunter auch Ehebruch, weshalb auch Annaeus Seneca in die Verbannung gehen mußte. Und nicht viel später ließ sie sie auch umbringen.» So heißt es bei Cassius Dio.[22] Sueton erwähnt nichts von Senecas Verbannung, weiß aber von der Tötung Julias durch Claudius (incerto crimine – ohne ordnungsgemäßen Gerichtsentscheid), die er zu dessen Taten unter dem bösen Einfluß Messalinas und der Freigelassenen rechnet. Dazu existiert noch das Zeugnis eines anonymen Scholiasten zu Juvenals Satiren, Seneca sei verbannt worden «quasi conscius adulteriorum Juliae – als ob er Mitwisser bei ehebrecherischen Vergehen der Julia gewesen sei», wobei das Wort «quasi» offenläßt, ob der Vorwurf auf Wahrheit beruhte oder nicht.

Daß Frauen wegen Sittenlosigkeit und Ehebruch angeklagt, verurteilt und verbannt wurden, hatte im julischen Kaiserhaus bereits Tradition. Augustus hatte seine Tochter und seine Enkelin, Julia die Ältere und die Jüngere, verbannt; in den Sturz der letzteren war der Dichter Ovid hineingerissen worden (8 n. Chr.), er verbrachte den Rest seiner Tage in Tomi (beim heutigen Konstanța in Rumänien), an den fernen, ungastlichen Küsten des Pontos Euxeinos, des Schwarzen Meeres. Aus den verdeckten Hinweisen des Poeten wie aus Äußerungen antiker Autoren läßt sich jedoch schließen, daß es hier darum ging, Julia, eine Frau, die aufgrund ihrer hohen Stellung das Recht zu politischer Einflußnahme beanspruchte, mundtot zu machen. Der Vorwurf des Ehebruchs bot sich dafür an; er war nach den von Augustus erlassenen leges Juliae strafbar, und er erstreckte sich auch auf Witwen und Geschiedene. Der Kaiser als Oberhaupt seiner Familie konnte den Fall kraft seiner besonderen Vollmachten selbst aburteilen, das hieß, daß die als Liebhaber nominierten Männer ebensowenig ein Appellationsrecht hatten wie die Frauen. Bei Julia der Jüngeren ging es um den Zwist der Julier und der Claudier, und Julia, die für ihren verbannten Bruder Agrippa Postumus eintrat, den letzten Sohn der Augustustochter Julia, verlor das Spiel.[23] Sie endete in der Verbannung.

Ovid, der in seinen Klageliedern vom Pontus nicht zu deutlich werden durfte, um sich nicht die letzten Hoffnungen auf Begnadigung zu zerstören, sah sich im Bilde des Actäon. Der mythische Jäger hatte, ohne es zu wollen, die Göttin Diana nackt beim Bade erblickt und war zur Strafe von seinen Hunden zerrissen worden.[24]

Quasi conscius adulteriorum Juliae – diese Äußerung paßt auf Ovid ebenso wie auf Seneca, und es ging nicht um Liebe, sondern um Machtansprüche, diesmal zwischen zwei Frauen. Messalinas Ende sei hier vorweggenommen, eine jener Geschichten, die so unwahrscheinlich – und bühnenhaft – sind, daß Tacitus ihre historische Wahrheit eigens beteuert.[25] Sie und ihr Liebhaber Silius, ein Mann aus altem römischen Adel, waren der Heimlichkeiten müde und feierten öffentlich Hochzeit – zu Lebzeiten des Kaisers, der dann natürlich «überflüssig» war. Senatoren und Soldaten gerieten in Unruhe: Dies war kein Liebesabenteuer mehr, sondern Hochverrat. Nun griffen die Freigelassenen ein. Claudius, der nichts vom Treiben seiner Gattin wußte oder hatte wissen wollen, mußte das Todesurteil gegen sie aussprechen. Sie fand ihr Ende in den Gärten des Valerius Asiaticus, die sie einst an sich gebracht hatte, indem sie ihren Besitzer wegen angeblichen Ehebruchs hatte hinrichten lassen.

Messalina hatte das Spiel um die Macht in ihrer Maßlosigkeit schließlich verloren, umsonst hatte sie Julia Livilla geopfert und mit ihr Seneca. Als die Kaiserin im Jahre 48 starb, verbrachte der Philosoph das achte Jahr in der Verbannung auf Korsika.

War Seneca wirklich der Liebhaber der Julia, und wenn nicht, warum wurde er als Opfer ausersehen? Was sagt er selbst dazu? Aus der Trostschrift an seine Mutter Helvia, die Seneca aus dem Exil schrieb, geht hervor, daß er sich nicht schuldig fühlte, daß ihn der Bannstrahl aus heiterem Himmel traf, ganz wie Ovid. In der Bittschrift an den Hofbeamten Polybius drückt er sich bewußt etwas unklar aus: Der Kaiser möge ihn begnadigen, *mag er wissen, daß ich unschuldig bin, mag er es wollen*[26]. Auch hier fühlt man sich an Ovid erinnert: Ein entschiedenes Beteuern der Unschuld wäre unklug, denn damit behauptete man ja, der Kaiser habe ein ungerechtes Urteil erlassen. Eine zeitgenössische Gegenstimme wird bei Tacitus zitiert[27]: Ein Mann namens Publius Suillius warf Seneca später vor, er sei völlig zu Recht mit Verbannung bestraft worden, denn er habe das Haus des Germanicus durch Ehebruch entehrt. Tacitus läßt freilich keinen Zweifel daran, daß dieser Suillius kein glaubwürdiger Zeuge ist: Er wurde unter Nero vor Gericht gestellt und verurteilt, weil er zur Zeit des Claudius als käuflicher Ankläger viele Unschuldige zu Fall gebracht hatte. Unter seinen Opfern war auch jener Valerius Asiaticus, der auf Betreiben Messalinas wegen Ehebruchs zum Tode verurteilt wurde, damit sie sich seine prächtigen Gärten aneignen konnte. Den stärksten Beweis für eine Unschuld Senecas und Julias bietet die Nachricht des Tacitus, bei der Verbannung von Neros unschuldiger Gattin

Seneca. Gemälde von Peter Paul Rubens, um 1614/15, nach einer antiken Büste. Karlsruhe, Kunsthalle

Octavia (s. u. S. 104) habe man in Rom ihr Schicksal mit dem der älteren Agrippina und der unter Claudius verbannten Julia Livilla verglichen.[28]

Seneca bot Angriffsflächen, denn er hatte wie sein Freund Lucilius (der spätere Adressat der Briefe) Verbindungen zu Personen, *deren Freundschaft kein Glück brachte*[29], und hielt ihnen die Treue. Schon in den Zeiten Caligulas galt er als «Sympathisant» der fürstlichen Frauen, als Verfechter der mit ihnen verbundenen politischen und dynastischen Ideen. Als homme de lettres zierte er ihren Hof wie Ovid den der jüngeren Julia. Zu Senecas Freunden gehörte auch Passienus Crispus, der zweite Gatte der Agrippina. Auch ihr wurde übrigens ein Ehebruchsverfahren angehängt, das ihren angeblichen Liebhaber Ofonius Tigellinus, den späteren Gardepräfekten Neros, ins Exil brachte. Sie selbst konnte sich retten. Messalina haßte sie zwar grimmig, wagte sich aber nicht an sie heran (Agrippina war verschwägert mit Messalinas Mutter), oder sie war, wie Tacitus meint[30], von ihrer neuen und letzten Liebesleidenschaft völlig in Anspruch genommen. So konnte Agrippina überleben und dann zur Retterin Senecas werden.

In seiner Schrift an den Hofbeamten Polybius schreibt Seneca, Claudius habe selbst für ihn, Seneca, vor dem Senat Fürsprache geleistet und ihm so das Leben nicht nur gewährt, sondern eigens erbeten.[31] Also war statt der üblichen Verbannung sogar die Todesstrafe für ihn beantragt worden. Offenbar wünschte Messalina keine «Briefe aus der Verbannung», voll mehr oder weniger versteckter Anklagen im Stile Ovids. Das Urteil lautete schließlich – wie bei Ovid – auf Relegation. Dies war die «mildere» Form der Verbannung, wobei der Verurteilte das römische Bürgerrecht und die Hälfte seines Vermögens behielt. Der Verbannungsort galt allerdings nicht als milde. Korsika gehörte keineswegs zu den Orten und Gegenden, die man als exilium delicatum bezeichnete, als ein «Luxusexil», wie es etwa Massilia (Marseille), Rhodos und Mytilene auf Lesbos oder die griechischen Städte an der Westküste Kleinasiens waren.

Exil auf Korsika

Korsika war zusammen mit Sardinien nach dem Ersten Punischen Krieg römische Provinz geworden (227 v. Chr.), aber es hatte dort kein Romanisierungsprozeß stattgefunden. Im Schutze der dichten Wälder und der bis heute charakteristischen Macchia suchten die Einwohner ihre Eigenständigkeit zu wahren. Römer lebten nur in den als Militärkolonien gegründeten Städten an der Ostküste, Mariana und Aleria, das auf die griechische Gründung Alalia zurückging. Von Italien aus hatte Seneca etwas über achtzig Kilometer zurückzulegen, das Schiff fuhr an der berüchtigten Verbannungsinsel Planasia vorbei, auf der Agrippa Postumus, der Bruder der Augustus-Enkelin Julia, sein Ende gefunden hatte.

Fremdes Corsisches Land, von jähen Felsen umschlossen,
Schauerlich, menschenleer starrt dein ödes Gebiet;
Nicht bringt Früchte dein Herbst, nicht ziehet Ernten dein Sommer;
Und dein Winter voll Reif kennt nicht Pallas' Geschenk;
Nicht ein erfreulicher Lenz streut hier erquickende Schatten,
In dem unseligen Land wächst nicht ein Gräschen empor;
Nicht die Gabe des Brots und des Quells, nicht die letzte des Feuers,
Zwei, die Verbannung nur, und der Verbannte, sind hier.

So lautet eines der Epigramme, die in der Anthologia Latina unter Senecas Namen überliefert sind.[32] Der negative Eindruck, den Seneca von seinem Verbannungsort hatte, wirkt auf einen heutigen Urlauber wohl ebenso befremdlich wie Ovids Klagen über seinen unwirtlichen Exilort Tomi – in der Nähe des heutigen «Sonnenstrandes» von Mamaia in Rumänien. Doch gilt in beiden Fällen, daß Urlauber dort nur kurze Zeit und freiwillig verweilen, jeweils zum Sommerende wieder abreisen und den Herbst und Winter mit stürmischen Winden – wie dem gefürchteten korsischen Libecciu –, mit Regenfällen und großen Temperaturschwankungen nicht miterleben. Eine gravitas caeli, ein ungesundes Klima, schrieb man jenen Gegenden allgemein zu: Der römische Geograph Pomponius Mela, der zur Zeit Senecas lebte, nennt Sardinien zwar fruchtbar, aber paene pestilens, geradezu gesundheitsschädlich.[33] Tacitus berichtet, daß man auf Senatsbeschluß viertausend Freigelassene, die suspekten ausländischen Kulten anhingen (vgl. o. S. 20), auf die Insel Sardinien deportieren wollte. Dort sollten sie das Räuberunwesen bekämpfen. Wenn das ungesunde Klima sie hinraffe, sei der Schaden ja nicht so groß...

Wir können annehmen, daß die Unwirtlichkeit und Unzuträglichkeit der Gegend samt ihrer dichten, als schaurig empfundenen Bewaldung mit der fehlenden Infrastruktur zusammenhing: kein Straßennetz, schlechte Unterbringung und mangelhafte Verpflegung. So besserte sich ja auch das schlechte «Image» Germaniens und Galliens von Tacitus bis zu Ausonius, je mehr sich dort die Annehmlichkeiten römischer Zivilisation verbreiteten. Der verbannte Senator Seneca wird auf Korsika wohl keine Luxusvilla mit Bädern und Fußbodenheizung zur Verfügung gehabt haben. Und die dort lebenden Landsleute werden ihn, der mit der kaiserlichen Ungnade belastet war, nicht mit offenen Armen aufgenommen, sondern um ihrer eigenen Sicherheit willen eher gemieden haben. Seit der Spätzeit des Tiberius war es üblich, Verbannte zu bespitzeln. Die Isolation, der Ausschluß vom Leben in der Gemeinschaft, gehörte zur Strafe, und dies galt seit jeher als die drückendste Last des Exils.

Schon der Dichter Alkaios, der Landsmann und Zeitgenosse der Sappho, klagt um 600 v. Chr. in seiner Verbannung, obwohl er nicht einmal die Heimatinsel Lesbos verlassen mußte: Wie ein einsamer Wolf hause er und sehne sich danach, den Heroldsruf zu hören, der zur Versammlung der Bürger ruft, zum Rat, in dem schon sein Vater und Vorvater saßen.[34] Für die Römer aber war ihre Hauptstadt wahrhaft das Herz, der Mittelpunkt ihres Lebens. Cicero beklagte sich nicht nur in bewegenden Worten über sein Exil in Thessalonike (58/57 v. Chr.), er schrieb im Jahr 51, als er eine durchaus befriedigende Tätigkeit als Provinzgouverneur von Kilikien in Kleinasien ausübte, an den Freund Caelius in Rom: «Die Stadt, die Stadt! Freu' dich, daß du in ihrem Lichte leben darfst! Jeder Aufenthalt fern von ihr ist dunkel und bedrückend für diejenigen, die in Rom mit ihrer Tatkraft glänzen können.»[35] Die Exildichtung Ovids, des Verbannten von Tomi, läßt geradezu in jedem Vers den Schmerz um die verlorene Heimatstadt fühlen, angefangen mit seinem bewegenden «Abschied von Rom», der noch Goethe so in seinen Bann zog, daß er ihn ans Ende seiner «Italienischen Reise» stellte.[36] Auch für Seneca ist Rom die größte, die schönste Stadt, sozusagen Wohnstätte aller Menschen.[37]

Wie trägt er nun sein Schicksal? Seneca hat aus Korsika eine Trostschrift an seine Mutter Helvia nach Spanien gesandt, in der er seinen Exilort ganz wie in dem bereits zitierten Epigramm in düsteren Farben malt: Man könne kaum einen Ort finden, der so kahl und schroff sei wie diese Felseninsel, so unwirtlich für Menschen, mit so schauriger Landschaft, einem Klima mit solchen Temperaturschwankungen. Es lebten hier weitaus mehr Fremde (das heißt Einheimische!) als römische Bürger, und die komfortabelste Unterkunft sei eine Hütte.[38] Aber Seneca

Korsika

verfaßt eine Trost- und keine Klageschrift, und so ist diese Bestandsaufnahme seines Exilortes in einen größeren Zusammenhang eingeordnet, in die Sicht der stoischen Lehre. Das Exil ist nur ein Wechsel des Aufenthaltsortes, der Stoiker aber sah die ganze Welt als sein Vaterland an, folglich konnte man auch überall leben. Unter Leben verstand man kein Schwelgen im Luxus, hingegeben an unnütze belastende Begierden, sondern ein Leben der Natur entsprechend, also nur auf die elementaren Bedürfnisse ausgerichtet, Nahrung, Kleidung und Unterkunft. Die wahre Habe des Weisen, also des Menschen, der sich nach den Grundsätzen der allweisen Natur ausrichtet, ist die virtus, die innere Tüchtigkeit, ein unverlierbarer Besitz. Daher können die Wechselfälle des Lebens den Weisen auch nicht in seinem Innern treffen, sie vermögen die Ruhe seines Gemüts nicht zu erschüttern. Das Bewußtsein, sich im Einklang mit der Natur, das heißt mit dem Göttlichen, zu befinden, verleiht ein Gefühl der Zufriedenheit, ja des Glücks. So hatte es Seneca als Schüler der stoischen Lehre gelernt, und nun hatte er die Bewährungsprobe zu bestehen – in acht Jahren des Exils.

Seneca will in seiner Trostschrift seiner Mutter klarmachen, daß er nicht wahrhaft unglücklich ist, trotz seiner rauhen Umgebung, und daß sie daher auch ihren Schmerz um ihn besiegen muß. Für die passenden Argumente gab es die Gattung der Trost- oder Konsolationsliteratur, die sich in der Philosophie des Hellenismus entwickelt hatte und meist zu einem Todesfall, aber auch zu anderen Schicksalsschlägen Stellung nahm.[39] Die

Trauer war ein Affekt, den es mit Hilfe der ratio, der Vernunft, zu unterdrücken galt. Während die akademische und die peripatetische Schule für die Mäßigung der Affekte (Metriopathie) eintraten, verfochten die Stoiker das völlige Freisein von Affekten (Apathie). Freilich hatten sich Vertreter der mittleren Stoa wie Panaitios für eine gemäßigte Linie ausgesprochen. Der stoische Grundsatz «gemäß der Natur leben» erfordere auch Rücksicht auf die besondere Natur des Menschen. So habe man die Trauer um einen Verstorbenen als ein menschliches Faktum zu akzeptieren und der Person und den jeweiligen Umständen entsprechend seine Trostgründe auszuwählen. In dieser Tradition steht Seneca, der des öfteren betont, die Stoa verlange nicht, daß man ein Herz aus Stein habe – dies sei ja unmenschlich. Aber man solle sich seinem Schmerz nicht völlig hingeben, denn auch dies entspreche nicht der menschlichen Existenz. So hatte er auch in seiner Trostschrift an Marcia nicht deren Trauer um den Sohn kritisiert, sondern nur das Übermaß: daß sie sich nun schon drei Jahre völlig in ihren Schmerz vergrub.

Seiner Mutter gegenüber erklärt Seneca, daß er in der Konsolationsliteratur vergeblich nach einem passenden Beispiel gesucht habe, bei dem ein Mann die Seinen tröstet, während er selbst von ihnen beklagt wird. Aber er kann das ganze Gewicht seiner Persönlichkeit und die enge Verbundenheit mit der Mutter aufbieten, um sie davon zu überzeugen, daß er seiner stoischen Überzeugung gemäß zu leben vermag: *Ipse tibi indico me non esse miserum. Adiciam, quo securior sis, ne fieri quidem me posse miserum – Ich selbst erkläre dir: Ich bin nicht unglücklich. Und damit du umso sicherer bist, füge ich hinzu: Ich kann gar nicht unglücklich werden.* (4,3) Die Verbannung vermag ihn nicht zu brechen. Diese stolze Feststellung ist nicht nur an seine Mutter gerichtet, sondern gleichzeitig an die Öffentlichkeit. Trostschriften waren, wie alle sowohl schulmäßigen wie populärphilosophischen Abhandlungen, zwar einem bestimmten Adressaten zugeeignet, aber ebenso darauf ausgerichtet, in einem größeren Kreis zu zirkulieren. So kann Seneca damit rechnen, nicht nur in Spanien, sondern auch in Rom werde man erfahren, daß er keineswegs mit dem Leben abgeschlossen hat.

Von seiner kargen Felseninsel aus betreibt er Zivilisationskritik. Er geißelt die Verschwendungssucht, den maßlosen Aufwand bei den Mahlzeiten, für die von den entferntesten Gegenden der Welt alle nur denkbaren Raffinessen herbeigeschafft werden. Und wofür? Was vom äußersten Ozean hergebracht wurde, das würdigt man nicht einmal der Verdauung: *Vomunt ut edant, edunt ut vomant – sie speien, um zu essen, sie essen, um zu speien.* (10,3) Der berühmte Feinschmeckerkoch Apicius hatte hundert Millionen Sestertien für seine Mähler aufgewandt, ungeheure Summen aus den Geschenken der Kaiser, ganze Steueraufkommen. Und als er sich dann ausrechnete, daß ihm nur noch zehn Millionen übrigblieben, da beging er Selbstmord, denn das kam ihm vor, als werde

Römische Ausgrabungen in Aleria auf Korsika

er am Hungertuch nagen. Wie unglücklich müssen doch unsere Vorfahren gewesen sein, meint Seneca ironisch: Sie haben noch mit eigener Hand ihren Acker bestellt und sich aus dem Ertrag ihre Mahlzeiten zubereitet!

Animus est, qui divites facit – Der Geist ist es, der reich macht. (11,5) Der Geist verleiht auch Unerschütterlichkeit angesichts eines ungerechten Schicksals. Seneca zitiert die «Heiligen» der Philosophie herbei, Sokrates, der mit Gleichmut sein Todesurteil auf sich nahm, Cato den Jüngeren, der bei der Bewerbung um die Prätur und das Konsulat weitaus unwürdigeren Bewerbern unterlag. Das war doch keine Entehrung für Cato – eher eine Schande für die Ämter selbst! Und man denke nur an den Römer Marcellus, der unter Caesar in die Verbannung ging – mit welcher Seelengröße hat er sein Exil ertragen, wie hat sogar ein Brutus ihn bewundert! Caesar fuhr an seinem Verbannungsort vorbei, er konnte es nicht ertragen, ihn zu sehen.

Das heißt, daß sich auch die Mutter ihres verbannten Sohnes nicht zu schämen braucht – eher müssen sich diejenigen schämen, die ihn verbannt haben. Und wenn sich Seneca so stolz und selbstbewußt in eine Reihe mit den integren Persönlichkeiten der Vergangenheit stellt – mit Sokrates, dem Prototyp des ungerecht Verurteilten! –, dann beteuert er damit gleichzeitig seine eigene Unschuld. Auch das Preisen seiner sittenreinen Mutter dient diesem Zweck. Ich habe dir, ich habe einer solchen Familie keine Schande gemacht, will Seneca signalisieren.

Da Helvia um seinetwillen keinen Grund hat, unglücklich zu sein, muß sie ihre eigenen Seelenkräfte aufbieten, um über den Kummer des Verlusts hinwegzukommen. Sie hat in ihrem Leben bereits Standhaftigkeit bewiesen, hat vor kurzem Enkel zu Grabe tragen müssen, nun soll sie sich der ihr noch verbliebenen Söhne und Enkel erfreuen, wie des munteren kleinen Marcus. (Es ist der spätere Dichter Lucan.) Mögen die Götter diesen am Leben lassen, dann will sich Seneca nicht über seine Lage, über seine *orbitas* beklagen. Orbitas ist die Verwaisung, der Verlust von Angehörigen: Unter den Enkeln, die Helvia betrauern mußte, war auch ein Söhnchen von Seneca, das sie zu Grabe trug, zwanzig Tage bevor sie hören mußte, daß ihr der Sohn lebendig entrissen wurde. Möglicherweise ist auch seine erste Frau im Kindbett gestorben, denn die «illustre Heirat», von der Cassius Dio berichtet, die Eheschließung mit Pompeia Paulina, erfolgte offenbar erst nach dem Exil[40], und der Ausdruck *orbitas* bekommt dadurch sein volles Gewicht.

Aber Seneca tröstet seine Mutter nicht nur durch den Verweis auf ihre Rolle als Familienmutter. Er will sie dorthin führen, wo es für alle einen sicheren Halt und eine Zuflucht vor Schicksalsschlägen gibt: zu den *studia,* den *bonae artes*, vor allem der Beschäftigung mit der Philosophie, die nach stoischer Ansicht Männern und Frauen gleichermaßen offensteht. Leider hat Senecas Vater Helvia kein eingehendes Studium erlauben wollen, aber die Grundlagen sind gelegt, auf ihnen kann sie weiterbauen. Wenn sie sich diesen Studien zuwendet, werden niemals mehr Trauer, Sorge, Schmerz und irgendeine Beunruhigung in ihr Herz eindringen können, sie wird nicht mehr dem Schicksal ausgeliefert, sondern in Sicherheit sein. Dieses Hohelied auf die Philosophie erinnert an Ciceros Hymnus: «O vitae philosophia dux – Du Führerin des Lebens». Sie ist die hilfreiche Macht, der sich der Mensch in allen Widrigkeiten anvertrauen soll.[41] In einem aufgeklärten Zeitalter, da der alte Götterglaube nur noch Traditionswert besitzt, ist die Philosophie bei den Gebildeten zum Religionsersatz geworden, und diese Rolle ist an keine bestimmte Schule gebunden. Der Akademiker Cicero huldigt ihr ebenso, wie der Stoiker Seneca sie seiner Mutter empfehlen kann. Seneca schließt mit einem Bild von sich selbst, wie sich die Mutter – und ganz Rom – seine Lage vorstellen soll: Er ist heiter und guter Dinge; frei von allen äußeren Belastungen, betreibt auch er *studia*, wie er sie der Mutter empfiehlt. Er hat sich der Natur zugewandt und erforscht Land und Meer, Ebbe und Flut, Donner und Blitz, Wind und Sturm, Schnee, Regen und Hagel.

Die Naturbetrachtung spielte in der Stoa eine große Rolle, vor allem als Propädeutik für die Ethik. Der Blick auf den Kosmos, auf die Erhabenheit des nach göttlichem Plan gelenkten Weltalls zeigte dem Menschen seine Rolle: Einmal hatte er sich zu begreifen als winziges Teilchen im Ganzen, eine Sicht, die alle Übel relativierte und vor Überheblichkeit

Bronzekopf, sogenannter Pseudo-Seneca. Neapel, Museo Nazionale Archeologico

warnte, wie es in den «Selbstbetrachtungen» Marc Aurels zum Ausdruck kommt. Zum andern aber besitzt der Mensch als Vernunftwesen einen göttlichen Funken, was ihm seine eigene Würde verleiht. So kann Seneca sagen: *Der Geist erfreut sich des schönsten Götterschauspiels. Seiner Ewigkeit eingedenk dringt er ein in alles, was gewesen ist und was sein wird zu allen Zeiten – omnibus saeculis.* (20,2) Mit diesem hymnischen Aufschwung schließt Seneca den Trostbrief an seine Mutter, mit dem er auch sich selbst trösten will und jeden anderen Menschen in ähnlicher Lage.

Die Erinnerung an Seneca, der sich der Betrachtung der Natur widmete, ist auf Korsika bis heute lebendig. Auf dem Cap Corse, der Nordspitze der Insel, befindet sich auf einem über 500 Meter hohen Felsen der «Turm Senecas», Tour de Sénèque, von dem aus man einen Blick auf beide Seiten der Insel hat. Der Turm bei Luri ist zwar ein Befestigungsbau aus dem 15./16. Jahrhundert, er erhebt sich aber auf den Resten eines alten Gemäuers aus unbestimmter früherer Zeit. Ob Seneca je dort war, ist zweifelhaft, doch gibt es in dem Ort Luri noch Spuren des römischen Lurinum. Nicht nur die Erinnerung an den naturforschenden Weisen hat sich hier erhalten, sondern anscheinend auch ein vager Hinweis auf den Grund seiner Verbannung. Brennesseln heißen in der Gegend «urtica di Seneca» – weil der Verbannte zarte Bande zu den Schönen des Landes geknüpft habe und zur Strafe von den korsischen Bauern mit Brennesseln ausgepeitscht worden sei...

In acht langen Jahren hatte Seneca genügend Zeit, um sich mit den Erscheinungen der Natur zu beschäftigen. Er legte hier den Grundstein zu seinen *Naturales Quaestiones*, den *Naturwissenschaftlichen Untersuchungen*. Da er nicht der vollkommene stoische Weise war (den es nach Ansicht der meisten Stoiker nur im Idealbild gab), mußte sich auch in ihm die Sehnsucht nach einer Veränderung seiner Lage regen. Es waren ja seine besten Jahre, die Epoche der Hauptschaffenskraft, die er auf Korsika zu verbringen hatte. So verfaßte er Ende 43/44, etwa ein Jahr nach dem Brief an seine Mutter, eine weitere Trostschrift, und zwar an den Freigelassenen Polybius, einen hohen Hofbeamten, der um seinen verstorbenen Bruder trauerte. Polybius hatte die Kanzlei a studiis (Archiv und Privatbüro), zeitweilig auch die a libellis (Bearbeitung der Bittschriften) unter sich. Selber literarisch tätig, wurde er von Claudius zu seinen gelehrten Studien herangezogen, was ihm eine höchst einflußreiche Position verschaffte.

An diesen Mann wendet sich Seneca nun, gewissermaßen als ein homme des lettres an den anderen. Hier kann Seneca zunächst in das Arsenal der Trostgründe greifen: Der Tod ist das naturgemäße Ende jeden Lebens, die Toten empfinden keinen Schmerz. Entweder sind sie nicht mehr, oder sie genießen die Gegenwart der Götter. Statt immer wieder über den Verlust eines wertvollen Menschen zu klagen, sollte man sich freuen, daß man mit ihm leben durfte. Der Bruder selbst, dessen Vortrefflichkeit gebührend hervorgehoben wird, würde keine übermäßige Trauer wünschen. Dann geht Seneca auf den Adressaten ein: Polybius lebt ja nicht für sich selbst, sondern für den Kaiser, der mit seiner lobenswerten Milde den Erdkreis regiert. So hatte Cicero in seiner Rede zugunsten des verbannten Marcellus an die Milde Caesars appelliert und diesem ein verpflichtendes Idealbild seiner selbst gegenübergestellt.[42] Mögen die Götter, so bittet Seneca, Claudius gewähren, daß er alle Wunden heilt, die die Raserei seines Vorgängers dem Menschengeschlecht geschlagen hat! Die Milde sei ja seine hervorstechendste Eigenschaft, und sie möge er – jetzt kommt Seneca auf den Punkt – doch auch in seinem Falle walten lassen. Auch aus dem dunklen Erdenwinkel, in dem er festsitzt, haben schon mehrere Verbannte wieder zurück ans

Licht kommen dürfen. Daher hofft Seneca, daß Claudius doch ihn als einzigen nicht vergessen wird (zumal da anläßlich des kaiserlichen Triumphes nach dem Britannienfeldzug eine Amnestie zu erwarten war). Und er fügt jene bereits zitierte gewundene Äußerung hinzu, der Kaiser möge ihm Gerechtigkeit oder Milde zuteil werden lassen, *mag er wissen, daß ich unschuldig bin, mag er es wollen*[43]. Polybius kann also seinem Herrn versichern, daß der Verbannte loyal gesinnt ist.

Am Ende steht, dem Zweck entsprechend, anders als bei Helvia, kein philosophischer Aufschwung. Dies habe er, sagt Seneca, niedergeschrieben, so gut er es eben konnte, nachdem sein Geist durch die lange Zeit der Isolation stumpf geworden sei. Wenn er sich nicht auf die geistige Höhe seines Adressaten erheben kann oder seine Worte zuwenig Kraft haben, dessen Schmerz zu lindern, dann möge Polybius bedenken, daß jemand, der selbst von seinem Kummer in Anspruch genommen wird, nicht frei sein kann, um einen anderen zu trösten. Und daß dem keine lateinischen Worte zufließen, der nur barbarische Laute um sich hört – die sogar den gebildeteren Barbaren als dumpfes Gedröhn lästig fallen! Ähnlich hatte sich Ovid am Schwarzen Meer beklagt, vergeblich, wie man weiß; Seneca aber setzt voraus, daß sich der Literat Polybius von diesem Argument beeindruckt zeigen wird, das er, der Verbannte, sozusagen mit letzter Kraft noch in einen scherzhaften Ton gekleidet hat.

Die Rückkehr: Agrippina und Nero

Die erwünschte Antwort blieb aus, zu groß war die Macht Messalinas, der auch Polybius zum Opfer fiel. Der Verbannte resignierte nicht; wie Ovid übte er sein ingenium und erreichte wenigstens das Ziel, in der römischen Öffentlichkeit präsent zu bleiben. Er verfaßte ein dem Bruder Novatus gewidmetes Werk in drei Büchern: *De ira – Vom Zorn*, das von der stoischen Affektenlehre ausgehend ein allgemeines Erziehungsprogramm mit Richtlinien für einen Privatmann wie auch für einen Staatslenker bot. Es geht nicht nur um die Zügelung der Affekte durch die ratio, sondern um eine rechte Bewußtseinsbildung, die Affektreaktionen gar nicht erst aufkommen läßt. So wird gefragt, wodurch ira entsteht, das heißt alle Gefühle der Aggressivität: Zorn, Wut und Rachedurst, auch Regungen wie Gereiztheit und Ärger aus Frustration. Der Grund ist mangelnde Einsicht: Zum Beispiel neigen Personen, die sich oft gekränkt fühlen, dazu, sich selbst zu überschätzen und auch andere zu wichtig zu nehmen. Wie für körperliche Krankheiten, so gibt es auch für seelische Fehlhaltungen, wie ein cholerisches Wesen und den Hang zur Grausamkeit, Heilmittel, sozusagen verhaltenstherapeutische Maßnahmen. So soll man, wenn man zu Zornausbrüchen neigt, sich in Spiel und Sport abreagieren und Gelegenheiten meiden, wo man die Kontrolle über sich verliert, wie Trinkgelage und unpassende Gesellschaft. Die Praxis der abendlichen Gewissenserforschung verhilft zur Selbstprüfung. Ganz wichtig ist die Erziehung schon im Kindesalter, und zwar vor allem durch das Beispiel. Der Erzieher soll durch seine ausgeglichene, ruhig-freundliche Persönlichkeit wirken.

Schon vor Quintilian entwickelt Seneca hier ein pädagogisches Konzept, in dem er bis heute gültige Ratschläge gibt, etwa für das verwöhnte Einzelkind aus reichem Hause, das gewohnt ist, durch Tränen- oder Zornausbrüche der allzu nachsichtigen Mutter gegenüber seinen Willen durchzusetzen. Wenn solche Fehlhaltungen nicht korrigiert werden, können sie verhängnisvolle Auswirkungen haben. Bei den Zornregungen gibt es für Seneca nicht, wie bei der Trauer, eine Toleranzgrenze. Es gilt die stoische Lehrmeinung, unbedingt den Anfängen zu wehren, da diese Affekte leicht außer Kontrolle geraten können. Sie verhärten sich dann zum Habitus und werden zu einem dauernden Krankheitszustand der Seele *(morbus animi)*. Seneca bringt Beispiele von einem unbeherrschten Feldherrn und Statthalter, der in seinem Zorn Unschuldige zum Tode verurteilt, und von Herrschern wie Alexander, der in einem Wutausbruch seinen besten Freund tötet, sowie von Caligula und seiner perversen Freude an der Grausamkeit. Wir müssen an uns arbeiten, sagt Seneca, denn: *Wir sind alle fehlbar. Was man daher bei anderen tadelt, findet ein jeder in der eigenen Brust. Selbst wenn man noch nichts Böses getan hat, so ist man doch dazu imstande. Mali inter malos vivimus – Als Schlechte leben wir unter Schlechten.* (III 26,3 f.) Um den Teufelskreis von Übel- und Vergeltungstaten zu durchbrechen, nennt Seneca eine christlich anmutende Maxime: *Ist jemand zornig auf dich? Fordere du ihn dagegen heraus durch Wohltaten!*[44]

Das Werk *De ira* empfahl seinen Verfasser als Kenner der menschlichen Psyche und gleichzeitig als einen geeigneten Erzieher; es trug Seneca Ruhm ein – und allerhöchste Aufmerksamkeit. Nicht von Claudius, sondern von seiner neuen Gattin: Agrippina. Sie hatte schließlich

Agrippina die Jüngere. Zeitgenössisches Porträt. Stuttgart, Württembergisches Landesmuseum

das Spiel um die Macht gewonnen und Messalinas Nachfolge angetreten, freilich nicht ohne dabei ins Zwielicht geraten zu sein. Claudius war ihr Oheim, und eheliche Verbindungen zwischen solch nahen Verwandten waren in Rom als Blutschande verboten. Doch hatten Agrippinas Mittelsmänner das Argument vorgebracht, daß sie sich aufgrund ihrer edlen Abkunft nur mit dem Caesarenhaus verbinden dürfe. Schon ihre erste Hochzeit war von Tiberius selbst unter diesem Gesichtspunkt ausgerichtet worden. Der Kaiser hatte für seine dreizehnjährige Enkelin Gnaeus Domitius Ahenobarbus ausgewählt, «wegen seiner nahen Verwandtschaft mit dem Caesarenhaus»[45]: Octavia, die Schwester des Augustus, war seine Großmutter. Von diesem Domitius hatte Agrippina einen Sohn, einen Abkömmling des Augustus und des Germanicus.

Noch einmal taten die erlauchten Namen ihre Wirkung. Die Heirat zwischen Claudius und Agrippina fand statt, sie war im Interesse des Staates. «Agrippina wollte aber nicht nur durch schlechte Taten bekannt werden. Daher erbat sie für Annaeus Seneca die Aufhebung seiner Verbannung und zugleich das Amt des Prätors. Dies werde, meinte sie, in der Öffentlichkeit einen guten Eindruck machen, denn er war berühmt wegen seiner schriftstellerischen Werke (ob claritudinem studiorum eius). Zugleich wünschte sie, daß dieser hervorragende Mann der Lehrer ihres jungen Sohnes Domitius [Nero] werde und sie sich seiner Ratschläge bei ihren Herrschaftsplänen bedienen könne. Denn sie glaubte, Seneca werde ihr gegenüber treu sein in Erinnerung an ihre Wohltat und feindselig gegen Claudius aus Erbitterung über das erlittene Unrecht.» So äußert sich Tacitus über den großen Umschwung in Senecas Leben, und er zeigt ihn zugleich von Anfang an eingebunden in das Spiel der Macht.[46]

Im Frühjahr 49 kehrte Seneca nach Rom zurück, «obwohl er eine große Sehnsucht hatte, nach Athen zu gehen», wie es in den Juvenalscholien heißt.[47] Er wollte einen Lebensabschnitt nachholen, das Studium in Athen, dem Traumziel jedes gebildeten Römers, wo man nicht nur die berühmten Philosophen hörte, sondern auch mit religiöser Inbrunst auf den Spuren der griechischen Geistesheroen wandelte. Aber er war fast fünfzig Jahre alt, die Prätur wartete auf ihn, die Vorstufe zum Konsulat. Als Stoiker wie als Römer fühlte er die Verpflichtung, am Staatsleben teilzunehmen, zudem galt es als soziale Verpflichtung wie als philosophische Forderung, empfangene Wohltaten zu vergelten.[48]

Agrippina, die zweimal Verwitwete, hatte ihren alternden Onkel wohl kaum aus Liebe geheiratet. Sie wollte das erreichen und sichern, was ihrer Familie zustand: die Herrschaft. Nach Claudius' Tod würde sonst der Thron an Britannicus übergehen, den Sohn der verhaßten Messalina. Sollte sie, die dann letzte Blutsverwandte des Germanicus, wieder in die Verbannung gehen, wenn der Sohn den Haß der Mutter gegen sie erneuerte? Und war nicht ihr Sohn, der Abkömmling des Augustus, zur Herrschaft berufen? Das Volk hatte ihm schon als Zehnjährigen, noch zu

Füllhorn-Kameo aus Sardonyx, 49. Rechts Germanicus und Agrippina die Ältere, links Claudius mit der jüngeren Agrippina. Wien, Kunsthistorisches Museum

Lebzeiten Messalinas, beim Turnier der adligen Knaben, dem Trojaspiel, mehr Beifall gezollt als dem Kaisersohn Britannicus! Die junge römische Monarchie brauchte eine Tradition, und in ihr, Agrippina, war sie verkörpert. Eine anläßlich ihrer Hochzeit geschaffene Kamee zeigt ein doppeltes Füllhorn mit den Köpfen von Germanicus und seiner Gattin Agrippina der Älteren und gegenüber Claudius mit der jüngeren Agrippina. Diese ließ ihren Geburtsort, wohin ihre schwangere Mutter ihrem Vater Germanicus ins Heerlager gefolgt war, zur Stadt erheben: Colonia Ara Agrippinensium (das heutige Köln), sie verfaßte eine Biographie ihrer Mutter, die nach dem Tod ihres Mannes – der von Augustus zum Thronfolger ausersehen war! – mutig ihr Recht vertreten hatte und von Tiberius grausam zu Tode gebracht worden war, samt ihrem Sohn Nero. Tiberius hatte ihr eine Wiederheirat nicht gestattet, aus Furcht, daß sie sich eine neue Hausmacht schaffen könne. Ihre Tochter hatte Haß, Feindschaft und Verbannung überstanden und konnte nun das vollenden, was der Mutter vom Schicksal versagt geblieben war.

Ein Jahr nach ihrer Eheschließung wurde ihr Sohn von Claudius adoptiert: Nero hieß er fortan, und er sollte glücklicher sein als Agrippinas gleichnamiger Bruder, der vor seinem qualvollen Hungertod im kaiserlichen Palast sich mit dem Polster seines Lagers zu nähren versucht hatte... Der neue Nero war drei Jahre älter als Claudius' Sohn Britannicus. Es war üblich, daß der älteste Sohn das Erbe des Vaters übernahm, auch wenn es ein Thron war. Ihm gebührten nun ein eigener Hofstaat und ein Erzieher, der ihm nicht nur Bildung und Redekunst vermittelte, sondern ihn auch für seine hohe Aufgabe als Nachfahre und Nachfolger des Augustus erzog. Seneca, der Redner und Schriftsteller, mit Agrippina und den Traditionen ihrer Familie seit langem verbunden, war der geeignete Präzeptor für ihren Sohn. Seneca aber träumte, wie Sueton erzählt[49], er werde einen zweiten Caligula zu erziehen haben, und in der Tat habe der junge Nero schon sehr bald seine grausame Wesensart unter Beweis gestellt. Wie Seneca seinen Zögling leitete, was er von ihm erhoffte oder befürchtete, läßt sich aus den beiden Schriften, die er in den nächsten Jahren verfaßte, entnehmen.

Im Jahr 53, mit sechzehn Jahren, hatte sich Nero auf Betreiben seiner Mutter mit seiner Stiefschwester Octavia vermählt. (Sie war zu diesem Zweck in eine andere Familie adoptiert worden.) Im Oktober 54 starb Claudius; man war allgemein überzeugt[50], Agrippina habe ihn mit einem Pilzgericht vergiftet, angeblich weil der Kaiser seine Heirat mit der herrschsüchtigen Nichte und vor allem die Zurücksetzung seines Sohnes Britannicus bereute. Wie einst Livia beim Ableben des Augustus, so hielt auch Agrippina die Todesnachricht zunächst zurück, bis sie zum gleichen Zeitpunkt den neuen Herrscher präsentieren konnte, ihren Sohn.

Für Claudius wurde ein prunkvolles Leichenbegängnis abgehalten, der Senat beschloß göttliche Ehren für ihn. Agrippina, die wie einst Augustus' Gemahlin Livia den Ehrentitel Augusta führte, wollte ihrem Sohn auch den Beinamen des Augustus beilegen: Divi filius, Sohn des Vergöttlichten, nämlich Caesars. Die Vergottung, die Apotheose, ging auf den alten Glauben an ein Gottkönigtum zurück. Die Könige hatten ihre Macht «von Gottes Gnaden» und standen den Göttern nahe, zu denen sie nach ihrem Tod zurückkehrten. Sie wurden dann mit den Staats- und Stadtgöttern zusammen verehrt, in der Überzeugung, daß sie weiterhin ihren Untertanen Heil und Segen spenden könnten. Die hellenistischen Könige, die sich zu Lebzeiten Sotēr und Euergétes, Heiland und Wohltäter, nennen ließen, wurden nach ihrem Tod offiziell unter die Götter versetzt und genossen kultische Ehrungen. Den Römern war dieser Herrscherkult zunächst fremd, obwohl auch sie den Glauben an eine «Himmelfahrt» kannten: Nach dem Volksglauben war der tote Romulus unter die Götter versetzt worden. Caesar war als erster Römer ausdrücklich konsekriert, als Divus Julius zum Gott erhoben worden mit einem eigenen Priester für seinen Kult. In seiner Nachfolge war dann auch

Agrippina und Nero als Kind. Skulptur am Kölner Rathausturm von Heribert Calleen, 1985/95

Augustus zum Divus geworden, wobei man auf das Beispiel des Romulus zurückgegriffen hatte.[51]

Von der Philosophie her konnte man die Apotheose auch symbolisch verstehen: Ein Herrscher sollte so regieren, daß er sich im Einklang mit der göttlichen Weltvernunft befand. Dann konnte man sagen, daß er sich «den Himmel verdient hatte», und man sah ihn gern als Divus an, dazu brauchte es keinen Staatsakt. So sagt Seneca: *Daß Augustus ein Gott ist, das glauben wir, aber nicht auf Befehl; wir bekennen nämlich, daß er ein guter Princeps war und den Namen eines Vaters wohl verdiente.*[52]

Ob Claudius die gleichen Ehren wie Augustus wirklich verdiente, war füglich zu bezweifeln. Aber man hörte wohlwollend die laudatio funebris an, die Leichenrede, die der siebzehnjährige neue Kaiser vortrug. Als Nero freilich, nach der Aufzählung allgemeiner Ruhmestaten, die Umsicht und Weisheit des Verstorbenen pries, «konnte niemand das Lachen halten, obwohl die Rede von Seneca verfaßt war und viel Kunstfertigkeit erkennen ließ – wie dieser Mann ja überhaupt ein gefälliges, dem Geschmack der Zeit entsprechendes Talent besaß»[53]. Es war sicher nicht Senecas Absicht gewesen, seinem Zögling zu einem Lacherfolg bei einer Leichenfeier zu verhelfen. Aber dadurch zeigte sich die Stimmung in der Öffentlichkeit. Die Römer waren nicht eingeschüchtert von all dem Pomp, den die Kaiserwitwe inszenierte. Es war Platz für ein Satyrspiel, in dem man sich abreagieren konnte, wie am Saturnalienfest, bei dem man «verkehrte Welt» spielte.

Seneca ließ ein Pamphlet kursieren, vielleicht im Dezember, zur Zeit der Saturnalien, in der statt einer Apotheosis des Claudius eine *Apocolocyntosis*, statt der Vergottung eine Verspottung, wörtlich eine «Verkürbissung» vorgenommen wurde[54]: Der Kürbis ist ein Hohlkopf, und Claudius ist hier ein seniler Trottel, der keineswegs zum Gott wird. Das kleine Werk, in den meisten Handschriften *Ludus de morte Claudii* genannt, hat die Form einer sogenannten menippeischen Satire, das heißt aus Vers und Prosa gemischt, benannt nach dem philosophischen Autor Menippos von Gadara im 3. Jahrhundert v. Chr. Terentius Varro, der Freund Ciceros, hatte sie in Rom heimisch gemacht, doch sind seine Satiren verloren. Der unvollständig erhaltene Schelmenroman des Petron, «Satyricon» genannt, enthält ebenfalls metrische Einschübe. Der Wechsel von erhabener Dichtersprache zur Diktion des Alltags wirkt bei Petron wie bei Seneca irritierend: Die Scherze der Satire sind doppelbödig. *Was sich am 13. Oktober im Himmel zutrug, im ersten Jahr einer neuen Zeitordnung, zu Beginn des segensreichsten Zeitalters, das will ich der Nachwelt zur Erinnerung überliefern.* (1,1) Das «Spiel im Himmel» beginnt poetisch mit der Fahrt des Sonnengottes Phoebus Apollon in Versen, die, wie man zunächst meint, den epischen Singsang parodieren sollen. Aber dann singt Phoebus von einem geradezu göttlichen Heilsbringer, der ihm selbst ähnlich ist und gleich an Gesangskunst und Stimmgewalt. Glückselige Zeiten wird er bringen – solch ein Kaiser ist nah, so wird Rom Nero erblicken:

Leuchtend erstrahlt in mildem Glanze sein liebliches Antlitz,
und unter wallendem Haar sein wohlgestalteter Nacken.
(4,1: Übers. Anton Bauer)

Vom Gesang Apollos geht es in die Niederungen der Prosa: *Claudius blubberte seine Seele aus. Die letzten Laute übrigens, die man unter Menschen von ihm vernommen hatte – nachdem er gerade aus jenem Körperteil, mit dem er sich stets leichter zu äußern verstand, einen starken Ton hatte entfahren lassen –, waren folgende: «O je, ich glaube, ich habe mich beschissen.» Ob er es wirklich getan hat, weiß ich nicht; sicher ist nur, daß er alle Welt beschissen hat.*[55]

In der Götterversammlung im Himmel bringt Claudius seinen Antrag vor, ein Gott zu werden. Es geht zu wie im römischen Senat, die Meinungen sind geteilt, *manus manum lavat, eine Hand wäscht die andere*, bis der göttliche Augustus seine Stimme abgibt. Er, ein echter Divus, wartet wohlgemerkt, bis er an der Reihe ist. Dann aber macht er seiner schmerzlichen Empörung Luft: Dieser Mensch, der wie ein harmloser Trottel wirkt, ließ mit derselben Leichtigkeit Menschen umbringen, wie ein Hund das Bein hebt. Wieviel Terrorurteile hat er gefällt, wie hat er allein in seiner eigenen, des Augustus, Familie gewütet! Seine Urenkelin Julia ließ dieser da umbringen, dazu noch eine große Zahl achtbarer Römer. Augustus' Antrag, Claudius, diesen Saturnalienkönig, in die Unterwelt abzuschieben, wird angenommen. Dort wird er von einer unübersehbaren Schar seiner Opfer empfangen und vor das Totengericht gebracht. Alles erfolgt in juristischen Termini, im Gedenken daran, daß Claudius sich dem Gerichtswesen leidenschaftlich, aber leider nicht unparteiisch widmete. So macht es nun auch der Totenrichter Aeacus mit ihm: Er hört nur die Gegenpartei an und verurteilt Claudius zu einer neuartigen Strafe, zum Würfelspiel mit einem durchlöcherten Becher. Da erscheint Caligula und fordert ihn als Sklaven. Aber selbst er will ihn nicht behalten, und so endet Claudius – als Gerichtsdiener bei einem Freigelassenen!

Das Lachen bleibt dem Hörer und Leser im Halse stecken angesichts der Totenbeschwörungen, die hier vorgenommen werden. Der Name der unglücklichen Julia Livilla wird von ihrem Ahnherrn Augustus selbst genannt, von Seneca der Vergessenheit entrissen. Claudius hat erst das Verbannungs- und dann das Todesurteil gegen seine Nichte unterschrieben, und, wie alle wissen, auch das Urteil, das einen Unschuldigen acht Jahre seines Lebens kostete. Seneca nimmt für sich eine Saturnalienfreiheit in Anspruch, um in dieser Interimszeit zwischen dem alten und dem neuen Herrscher wieder sein Wunschziel eines guten Regiments aufzurichten, diesmal auf der Folie eines in seinen Augen mißglückten Prinzipats. Es ist nicht seine Schuld, daß der Kaiser dem Idealbild nicht entsprochen hat, das er in seiner Schrift an Polybius von ihm entwarf.

Seneca spricht das Urteil der Nachwelt, hart und unerbittlich, wie Cicero, der Caesar auf das Bild des milden, um die res publica besorgten Staatsmannes verpflichten wollte und den toten Diktator dann in seinem letzten Werk «De officiis – Von den Pflichten» mit Enttäuschung und Haß verfolgte. Der neue Kaiser hat es in der Hand, sich einen besseren Ruf bei der Mit- und Nachwelt zu verschaffen. Der Zauber des Neuanfangs, der göttlichen Jugend, umgibt ihn. Die Weissagungen Vergils aus der vierten Ekloge, von einem neuen Goldenen Zeitalter, klingen an. Apollo, der Sonnen- und Musengott, inauguriert den neuen Herrscher feierlich. Es ist anzunehmen, daß sich der junge Nero mit seinen künstlerischen Neigungen selbst schon gern als Apollos Schützling sah. Seneca griff diese Identifikation auf und gestaltete ein verpflichtendes Vorbild

Apotheose der Familie des Augustus. Grand Camée de France, 17. Paris, Bibliothèque Nationale, Cabinet des Médailles

daraus. Auch Augustus, Neros Ahnherr, hatte sich ja Apollo zugewandt als dem Gott der Klarheit und Verstandeshelle, im Gegensatz zu Antonius, dem «Neuen Dionysos», dessen Beziehung zu Hercules hier auch parodistisch durchgespielt wird. Es gilt, sich der apollinisch-augusteischen Aura würdig zu erweisen, denn eines Tages wird auch über den neuen Kaiser die Nachwelt zu Gerichte sitzen.

Das satirische «Spiel im Himmel» hat in der Tat seine Fortsetzung erfahren: «Da trat Nero ein, die Lyra in der Hand und einen Lorbeerkranz auf dem Kopf. Silenus wandte sich zu Apollo: ‹Der nimmt dich zum Vorbild›, sagte er. ‹Ich werde ihm seinen Kranz abnehmen›, antwortete Apollo, ‹denn er ahmt mich nicht in allem nach, und selbst worin er mich nachahmt, tut er es nicht recht.› Sein Kranz wurde ihm genommen und sogleich vom Unterweltstrom hinweggeschwemmt.»[56] Kaiser Julian Apostata, ein Philosoph wie Seneca, hat wie dieser einen Saturnalienspaß geschrieben, in dem er das Thema der Götterversammlung und des Gerichts über die Kaiser aufgriff. «Kronia» hat er sein griechisch verfaßtes «Gastmahl der Caesaren» (Caesares) genannt: Kronos entspricht Saturn. In dieser Satire stellt auch er schonungslos einen verstorbenen

Kaiser bloß, seinen Verwandten Konstantin, und gibt ihn der Lächerlichkeit preis. Und auch hier gibt es Licht neben soviel Schatten: Marc Aurel wird zum Sieger im Wettbewerb um den besten Herrscher erklärt!

Seneca hatte mit dem satirischen opusculum gezeigt, daß er keiner jener griesgrämigen Philosophen mit ständiger Leichenbittermiene war, von denen es so manche in Rom gab. Mit einer Fülle von Sprach- und Wortwitzen, Anspielungen, Zitaten und unerwartetem Wechsel der Stilebenen zeigt er sich als brillanter Sprachkünstler, ganz nach dem Geschmack einer nervös-feinnervigen Zeit. Man versteht, daß er als Redner berühmt und beliebt war. Er wollte seinen Schüler weiterhin an sich fesseln, denn dieser hatte noch viel zu lernen. Und in der Tat wurde Seneca als Lehrer und Erzieher nicht verabschiedet, obwohl sein Zögling Herrscher der römischen Welt geworden war.

Neros erste Rede im Senat, seine Regierungserklärung, verriet in ihrer geschickten Art, alle Gemüter zu besänftigen, die Hand Senecas. Er sei zwar jung, erklärte Nero, dafür sei er aber auch mit niemandem verfeindet, es gebe keine Parteiungen und Zerwürfnisse, und er habe Ratgeber und Vorbilder für eine gute Regierung zur Hand. Bestehende Mißstände wolle er beheben, so vor allem in der Rechtsprechung. Das Günstlingswesen solle beseitigt werden, Hof und Staat würden streng getrennt bleiben, der Senat aber werde seine althergebrachten Befugnisse behalten. Die forma futuri principatus, das Bild der künftigen Regierungsform (Tacitus), deutete auf eine Rückkehr zu den augusteischen Tendenzen, zu einem Miteinander von Senat und Princeps, im Gegensatz zur autokratischen, stets auf Konfrontationskurs steuernden Regierung des Caligula. Es bedeutete auch eine Absage an das Regime des Claudius mit seiner Günstlingswirtschaft, mit dem Hineinregieren der Freigelassenen und der Kaiserin Messalina, die sich staatlicher Macht zur Erweiterung ihrer eigenen Einflußsphäre bedient hatten.

Doch würde der Siebzehnjährige wirklich allein regieren können? Hinter einem Vorhang verborgen hörte Agrippina den Verhandlungen des Senats zu; als Gattin des Claudius, mit dem Titel Augusta ausgezeichnet, war sie es gewohnt, an den Staatsgeschäften teilzunehmen. Dem Empfang ausländischer Gesandtschaften wohnte sie auf einer eigenen Tribüne sitzend bei und ließ sich gleichermaßen huldigen. «Sie gab sich als Mitinhaberin des von ihren Vorfahren geschaffenen Thrones», faßt Tacitus Agrippinas Auftreten zusammen.[57] Die Römer sahen es mit Unwillen; es war gegen die Sitten der Vorfahren, daß eine Frau auswärtigen Fürsten Audienz gewährte. Eines Tages kam eine Gesandtschaft aus Armenien, dem wichtigen Pufferstaat zum Partherreich, der östlichen Großmacht der antiken Welt. Agrippina wollte, wie sie es gewohnt war, die Tribüne des Kaisers besteigen und mit ihm die Abgesandten empfangen. Die Senatoren waren schreckensstarr und sahen einen Eklat voraus. Da gab Seneca dem Kaiser einen Wink: Er solle der Mutter ent-

Agrippina und Nero. Dreikönigsschrein, um 1200. Köln, Domschatz

gegengehen, sie begrüßen, ihr einen Platz anweisen und sich dann sogleich zu den Gesandten begeben. So blieben Höflichkeit und Anstand – und die politische Klugheit – gewahrt, und die orientalischen Gesandten brauchten keinen Anstoß an einem Frauenregiment zu nehmen.

Seneca aber war nun mit einer jener Mütter konfrontiert, die, ganz anders als seine Mutter Helvia, *sich mit weiblicher Hemmungslosigkeit die Machtstellung ihrer Söhne zunutze machen, und die, weil Frauen keine Ämter ausüben dürfen, durch jene ihren Ehrgeiz befriedigen*[58]. Mit dem Regierungsantritt Neros hatte Agrippina ihr Ziel erreicht: die Ansprüche ihrer Familie und ihres Sohnes durchzusetzen. Doch nun zeigte sich, daß sie die Macht für sich wollte, auch wenn ihr Sohn, der Kaiser, dadurch ins Zwielicht geriet. Sie konnte ihrem Sohn die Herrschaft nicht überlassen, ihn als Herrscher konnte sie nicht ertragen, sagt Tacitus.[59] So tat sie alles, um ihre Vorrangstellung als Augusta zu halten, und schreckte auch vor Mord nicht zurück. Narcissus, der treue Freigelassene des Claudius, war nur eines ihrer Opfer. Agrippina war eine schwere Belastung der neuen Herrschaft, und Seneca war seiner Wohltäterin gegenüber zu ständigem Lavieren gezwungen.

Das glückliche Jahrfünft

Eine weitere Sorge war durch die Person des Kaisers selbst gegeben: Ein Siebzehnjähriger wird zum mächtigsten Mann der römischen Welt! Seneca hatte ihm in der *Apocolocyntosis* genügend Vorschußlorbeeren gespendet, und er war nicht der einzige, man denke nur an die gleichzeitigen bukolischen Gedichte, die Neros Regierungsantritt im vergilischen Stil als Beginn eines neuen Goldenen Zeitalters priesen, sowie an den Beginn von Lucans «Pharsalia».[60] Nero zwischen Claudius und Augustus: So hatte ihn Seneca in seiner Satire dargestellt. Nun galt es, ihn ausdrücklich auf römische und stoische Staatstugend zu verpflichten.

Über die Milde zu schreiben, habe ich mir vorgenommen, Nero Caesar, um gleichsam als Spiegel zu dienen und dir zu zeigen, wie du zur höchsten aller Wonnen – ad voluptatem maximam omnium – gelangen kannst. So beginnt Seneca im Jahr 55 seine Abhandlung *De clementia – Über die Milde*, einen «Fürstenspiegel», der zahlreiche Nachahmungen fand, bis hin zu Christoph Martin Wielands «Der goldne Spiegel» (1772), mit dem Motto: «König wirst du sein, wenn du richtig handelst.»[61] So denkt auch Seneca, und er stellt seinem Zögling dafür als Lohn die höchste voluptas in Aussicht: voluptas, der Ausdruck für Sinnenlust, Wollust, auch für das Lustprinzip der Epikureer, wird hier von Seneca okkupiert. Nach welcher voluptas der junge Kaiser zunächst auch streben mochte – die wahre, dauernde Freude und Befriedigung würde er nur finden, wenn er Senecas Ratschlägen folgte.

Und nicht nur für Nero war diese Schrift gedacht, sondern auch für die Öffentlichkeit. Sie legte das längst nötige Fundament für die traditionslose römische Monarchie. Augustus hatte die Macht, die er ausübte, gewissermaßen mit einem republikanischen Mantel umkleidet. Er wollte keine hellenistische Monarchie einführen, sondern im Einvernehmen mit dem Senat regieren und sich legitimieren durch die cura, die stete Sorge für das Wohl der Bürgerschaft. Wie die politische Wirklichkeit auch im einzelnen aussehen mochte, so war dieses Prinzip doch kein bloßer Schein, sondern durchaus ernst gemeint und positiv bewertet. Im politischen Denken der Folgezeit galt es als «augusteisch» im Gegensatz zu autokratischen Herrschaftstendenzen. Schon beim ersten Nachfolger des Augustus hatte sich freilich gezeigt, wie sehr diese augusteische Prinzipatsideologie auf ihren Begründer bezogen und schwer nachahmbar war, zumal im Fortschreiten der Zeit. Der republikanische Faltenwurf gelang nicht mehr. So war auch schon zu Lebzeiten des Augustus die von ihm inaugurierte «Rückkehr zu den Vätersitten» unglaubwürdig geworden: in einer Stadt aus Marmor statt aus Ziegeln, im Luxus einer Welthauptstadt sollte man karg, sparsam und gottesfürchtig leben wie die Altvorderen. Ovid war es gewesen, der ebenso geistreich wie energisch auf einer Anpassung an das Heute bestanden hatte[62]:

Möge das Altertum andre erfreuen, ich preise mich glücklich,
Jetzt erst zu leben; es paßt zu meiner Art diese Zeit.
(Liebeskunst III, 121 f., Übers. Niklas Holzberg)

Ebenso nachdrücklich nimmt nun Seneca das politische Aggiornamento zugunsten der Monarchie vor. Von der clementia will er sprechen, obwohl er weiß, daß manche seiner Zeitgenossen damit keine angenehmen Vorstellungen verbinden. Sie ist eine Herrschertugend, die der populus Romanus gegen unterworfene Völker anwandte: parcere subiectis – die Unterworfenen schonen, wie es bei Vergil heißt. Der erste, der clementia gegen Mitbürger übte, war Caesar gewesen, der Sieger im Bürgerkrieg. Die clementia Caesaris war keine angeborene Güte, sondern eine Strategie, eine Art zu siegen, wie Cicero sie genannt hatte. Der unbeugsame Stoiker Cato der Jüngere aber lehnte Caesars clementia ab, ja er bezeichnete sie sogar als Ungerechtigkeit, denn Caesar behandele damit seine Mitbürger wie Untertanen.[63] So wählte er nach der verlorenen Schlacht von Thapsos den Freitod in Utica und starb als der «letzte Republikaner».

Für Seneca ist clementia eine umfassende Tugend: die Gesinnung und das Handeln aus sozialer Verantwortlichkeit, gebunden an Selbstbeherrschung, Maß und Gerechtigkeit. So kann er die Verfechter der Republik selbst als Kronzeugen anführen. Cicero hatte in seiner Staatsschrift «De re publica» zwar der gemischten Verfassung, also einer Republik, den Vorzug gegeben aber auch das Leitbild eines führenden Mannes im Staat entworfen. Der Lenker der Bürgerschaft soll das Glück und den Nutzen des Volkes mehr im Auge haben als seine eigenen Wünsche, er soll gleichsam der Vormund und Verwalter des Gemeinwesens sein: tutor et procurator rei publicae.[64] Von den *tutores status publici, den Principes, Königen und mit welchen anderen Namen man sie auch nennen will*, spricht nun Seneca, und er macht klar, daß die Monarchie ein historisches Faktum ist: *Seit langem schon geht der Caesar so im Gemeinwesen auf, daß eins vom andern nicht getrennt werden könnte ohne Verderben für beide.*[65] Wenn sich aber Princeps und Bürgerschaft als Seele und Körper, als Haupt und Glieder fühlen, wenn beide, aufeinander angewiesen, zum

Seneca und Nero. Szene aus «Die Krönung der Poppaea» von Claudio Monteverdi, mit Harry Peeters als Seneca und Richard Croft als Nero. Aufführung der Schwetzinger Festspiele, 1993

gegenseitigen Wohl handeln, dann ist der römische Princeps geradezu die Erfüllung des ciceronischen idealen Staatsmannes. Und dieser braucht keine republikanische Verbrämung, denn es gibt auch ein auf ethische Maximen gestütztes monarchisches Regiment. Seneca läßt das berühmte Wort des Antigonos Gonatas anklingen, wonach die Herrschaft eine ehren- und ruhmvolle Knechtschaft für den König sei.[66] Der Herrscher ist als philánthropos basileús, als König mit Liebe zur Menschheit, an die Verpflichtungen seiner hohen Stellung gebunden. König Antigonos II. von Makedonien war Schüler des Zenon, des Gründers der Stoa, gewesen; diese entstand ja im monarchischen Raum und stilisierte den König im Anklang an den platonischen Philosophenherrscher als den Weisen, der im Einklang mit der göttlichen Weltvernunft herrscht. Wenn der römische Princeps gemäß den augusteischen Traditionen und der stoischen Herrscherideologie regiert, kann diese Herrschaft allgemein akzeptiert werden. So weit, so gut – aber ließ sich der junge Kaiser auch auf diese Grundsätze verpflichten?

Bei der Lektüre von *De clementia* erhält man – natürlich ex eventu verstärkt – den Eindruck, daß sich Seneca über die negativen Züge seines Schülers nicht im unklaren war. Noch stand dieser aber im beeinflußbaren Alter, und sein in manchem durchaus positiver, wenn auch labiler

Charakter mochte noch zu festigen sein. Die Tugend ist lehrbar, rechtes Handeln wird weitgehend bestimmt vom Wissen um das Rechte, es läßt sich einüben, man macht jemanden gut, wenn man ihn dafür hält: Die antike und gerade die stoische Philosophie war von einem großen Erziehungsoptimismus geprägt, vor allem aufgrund des von Sokrates herrührenden ethischen Intellektualismus. Wie sollte sich gerade Seneca davon ausschließen, solange er noch in gutem Einvernehmen mit seinem Schüler stand? Im Gegensatz zur *Apocolocyntosis* ist das Lob hier noch stärker, ja geradezu zwanghaft als Mahnung gestaltet. Herrscherlob ist stets Herrschermahnung: Die Panegyrik wird zur Protreptik. *Du gehst auf wie die Sonne* – das soll heißen: Du kannst dir bei deiner exponierten Stellung kein Unrecht leisten. *Augustus wurde gerühmt wegen seiner clementia* – du kannst noch größer werden als Augustus, denn er hat viel Blut vergossen in seinen Anfängen. *Man mißt dich schon nicht mehr an Augustus, sondern an deinem eigenen segensreichen Beginn* – so mußt du bleiben und hierin noch fortschreiten. *Du kannst ja auch gar nicht anders, denn clementia ist bei dir keine angenommene Haltung, sondern angeborene bonitas, Güte. – Andere haben das Wort im Munde geführt: «Mögen sie mich hassen, wenn sie mich nur fürchten!» – du hast ausgerufen: «Hätte ich doch niemals schreiben gelernt!», als man dir ein Todesurteil für Verbrecher vorlegte.*[67]

Auch die Kunst Senecas, Sentenzen zu prägen, steht im Dienste der Protreptik. Nero soll sich sagen: *Occidere contra legem nemo non potest, servare nemo praeter me! – Töten gegen das Gesetz kann jeder, retten kann niemand außer mir! – Magnam fortunam magnus animus decet – Einem hohen Geschick ziemt ein hoher Sinn.*[68] Auf psychologische Beeinflussung ist auch der dogmatische Teil gestimmt. Wie in der Suasorie, der Beratungsrede, geht es in einer Denkschrift wie *De clementia* um Kategorien des honestum und des utile: Die Handlungsweise, zu der geraten wird, ist ehrenvoll und nützlich. Hier aber steht das Nützliche im Vordergrund, auch das Ehrenhafte wird jeweils unter utilitaristischem Gesichtspunkt verstärkt. Milde walten zu lassen ist für den Princeps gut, ehrenvoll und nützlich, denn es entspricht dem Wesen des Menschen, vor allem dem des Herrschers, analog zur Gnade der Götter. Milde gewährleistet aber auch seine Sicherheit, Grausamkeit ist unzweckmäßig, denn die Zahl der Opfer vermehrt nur die Zahl der Gegner; die Eltern und Kinder, Angehörigen und Freunde der Getöteten rücken nach, und es entsteht der Teufelskreis der Tyrannei, wohlbekannt aus der Zeit von Caligula ebenso wie aus der jüngsten Vergangenheit: Verbrechen müssen durch Verbrechen gedeckt werden. *Tantum enim necesse est timeat, quantum timeri voluit – Zwangsläufig muß man nämlich selbst so sehr fürchten, wie man gefürchtet werden will.*[69] Ein elendes Leben führt einer, der ständig Argwohn und Verdacht gegen jedermann hegen muß. Es gibt nur eine uneinnehmbare Festung: die Liebe der Bürger. Wie auf einen Gott werden sie auf den schauen, der ihnen Gerechtigkeit, Frieden und Wohlfahrt beschert. Und ein solcher Herrscher gewinnt den allerhöchsten Ruhm, ja er kommt im Rang gleich nach den Göttern. Ihr göttliches Wesen ziemt es sich anzunehmen und nachzuahmen, *maximum ita haberi, ut optimus simul habeare – so als der Größte zu gelten, daß du zugleich als der Beste giltst.*[70]

Optimus Maximus ist der Beiname Jupiters, des höchsten Gottes auf dem Kapitol; beide Epitheta werden schon unter Tiberius programmatisch auf den Herrscher bezogen, der durch seine Machtstellung der Größte, maximus, durch sein Handeln und sein Beispiel aber optimus, der Beste, ist oder sein soll.[71] Hier wird zudem noch auf Caligula angespielt, der sich in seinem Wahn mit dem obersten Gott gleichstellte. Du willst doch nicht wie ein Caligula gefürchtet werden, meint Seneca, und dich dann aus lauter Angst nicht mehr unter die Leute wagen können. Durch ein gutes Regiment kannst du der wahre princeps optimus maximus werden – ist das nicht ein Ziel, jene höchste voluptas, auch – oder gerade – für einen Achtzehnjährigen?

Im nachhinein nehmen sich Senecas Bemühungen geradezu verzweifelt aus, aber es sollte nicht vergessen werden, daß seine politisch-moralischen Gedanken doch noch langfristig zu Ehren kamen: zur Zeit der sogenannten Adoptivkaiser, im humanen Kaisertum des zweiten Jahrhunderts, als man Trajan den Beinamen Optimus Maximus verlieh.

Trajan war es auch, der vom felix quinquennium sprach, vom glücklichen Jahrfünft des römischen Reiches, 54–59 n. Chr.[72] In diesen Jahren widmete sich der junge Nero seinen Liebhabereien und überließ das Regieren weitgehend seinem Mentor Seneca und dem Prätorianerpräfekten Burrus. Beide Männer waren Freunde, eine Seltenheit in solcher Stellung, wie Tacitus bemerkt. Er berichtet, daß beide ihren Einfluß verschiedenen Gründen verdankten, Burrus seiner militärischen Tätigkeit und seinen strengen Sitten – er war offenbar auch Stoiker –, Seneca seinem Unterricht in der Redekunst und seiner würdigen, freundlichen Art (comitate honesta). Die Philosophie stand also nicht im Vordergrund; Agrippina hatte ihn nicht als Philosophen engagiert, denn diese Disziplin war ihrer Meinung nach für einen künftigen Kaiser nicht nötig, ja eher hinderlich. Die würdige, freundliche Art entsprach dem Erzieherideal, das Seneca selbst in *De ira* aufgestellt hatte, zudem stand er damit in wohltuendem Gegensatz zu Agrippina, die ihren Sohn trotz der Bedeutung, die er für sie hatte, kühl und hart behandelte. Seneca und Burrus unterstützten sich gegenseitig darin, den Princeps in seinem labilen Alter auf der rechten Bahn zu halten. «Si virtutem aspernaretur, voluptatibus concessis retinerent – Wenn er schon von der Tugend nichts wissen wollte, gedachten sie ihn wenigstens bei erlaubten Genüssen festzuhalten.»[73] Statt des Wunschbildes aus *De clementia* erweist sich hier im illusionslosen Blick des Tacitus, daß die virtus den Kampf gegen die voluptas schon verloren geben muß, und diese ist die landläufige Sinnen- und Genußsucht und keineswegs die höchste Freude des tugendhaften Regenten. Nero widmete sich seinen künstlerischen und sportlichen Neigungen, wie der Dichtung, der Musik und dem Leierspiel, dem Theater und dem Wagenlenken, er hatte Liebeshändel und fing an, mit seinen Kumpanen das nächtliche Rom unsicher zu machen, wobei es zu Übergriffen und Gewalttaten kam. Das problematische Gewährenlassen, «um Schlimmeres zu verhüten», hatte begonnen.

Seneca wie Burrus waren sich auch darin einig, den Einfluß Agrippinas zurückzudrängen, obwohl sie beide der Kaisermutter verpflichtet waren, der sie ihre Stellung verdankten. Man konnte jedoch im Interesse Neros keine Zweitregierung dulden, zumal in der Außen- und Militärpolitik wichtige Regelungen anstanden. Der tüchtige General Corbulo wurde ins unruhige Armenien entsandt und sicherte die Reichsgrenze im Osten. Auch in Germanien wurde eine Politik der Grenzsicherung betrieben, getreu der Maxime des Augustus, der in seinem Testament empfohlen hatte, statt neue Eroberungen zu machen, das Erworbene zu festigen. In der Innenpolitik setzte man auf Entspannung und traf zweckmäßige Regelungen in der Finanzverwaltung und im Rechtswesen.

Welche Regierungsmaßnahmen im einzelnen auf das Konto Senecas gehen, läßt sich nur vermuten[74]; er selbst hat sich nicht dazu geäußert, und die Quellen betonen nur, daß er mit Burrus zusammen die Politik segensreich lenkte[75]. Es gab kein spezielles Regierungsamt für seine Tätigkeit; wenn man ihn als Minister bezeichnet, so ist dies nur eine Umschreibung. Seneca war Konsul, dann Mitglied des kaiserlichen Rates, des consilium Caesaris, das aus Senatoren gebildet wurde, ehemaligen Amtsträgern wie Statthaltern und Heerführern, die als amici Caesaris dem Kaiser ihr Wissen und ihre Erfahrung zur Verfügung stellten. Man konnte davon ausgehen, daß dieser Rat die jeweils anstehenden Probleme besprach, die daraufhin im Senat verhandelt wurden. Seneca und Burrus legten dann dem Kaiser die Ergebnisse und ihre eigenen Stellungnahmen vor, die dieser wohl gern übernahm, um eigener Verantwortung ledig zu sein. Zuweilen trat er auch selbst im Senat auf und bewies durch eine großzügige Geste seine clementia. Dann wurde ihm lebhafte Anerkennung von seiten des Senats zuteil, da man den Jüngling durch das Lob solch kleiner Dinge auf Größeres verpflichten wollte, wie Tacitus sagt.[76] Man sieht, daß diese Praxis des fordernden Lobes nicht nur von Seneca geübt wurde, das «Bestärken» gehörte zum pädagogisch-psychologischen Konzept der Zeit, ebenso wie das Gewährenlassen, um Schlimmeres zu verhüten, das auch Tiberius gegenüber dem jugendlichen Caligula angewandt haben soll.[77] Seneca hatte durch seine einflußreiche Stellung auch Neider und Tadler, wie bei Tacitus und Cassius Dio bisweilen durchscheint, so wenn der erstere anläßlich der Manifestationen von Neros clementia sagt: «Nero beteuerte seine Milde in häufi-

Nero. Zeitgenössische Büste. München, Glyptothek

gen Reden, in denen sich Seneca durch den Mund des Princeps verlauten ließ, sei es, um Beweise von seinen guten Lehren zu liefern, oder um seinen Geist leuchten zu lassen.» Im Grunde war eines vom anderen nicht zu trennen; was tat Seneca anderes als dieses: gute Lehren zu geben, geistvoll und geistreich dargeboten, um den Hörgewohnheiten seiner Zeit Rechnung zu tragen?

«Heutzutage hört der Richter dem Anwalt nicht zu, wenn er nicht durch einen abwechslungsreichen Stil die Aufmerksamkeit fesselt. Wer hätte noch Geduld für die langen Reden aus Ciceros Zeit? Kürze mit reichem dichterischen Schmuck und Glanz verlangt man heute selbst vom Gerichtsredner, und der vagus auditor [der in der Basilica Julia zwischen den verschiedenen Prozeßrednern hin- und herschlendernde Zuhörer] lauscht auf Glanzstellen, auf Bonmots. Wie die Tempel nicht mehr aus rohem Ziegelwerk bestehen, sondern in Marmor schimmern und von Gold glänzen, so hat sich auch die Redeweise gewandelt.» So beschreibt in Tacitus' Rednerdialog der Befürworter der Moderne den Geschmack seiner Zeit.[78] Darauf hat Seneca seinen Stil ausgerichtet. Statt der wohlabgerundeten ciceronianischen Perioden gibt es einen Staccatostil kurzer Glieder mit zugespitzten Pointen und Sentenzen, die in ihrer Fülle und Gedrängtheit wie ein Feuerwerk auf die Hörer niedergehen. Philosophische Lehrsätze werden mittels rhetorischer Finessen, mit Stilfiguren aller Art, wie interessante Behauptungen dargeboten. Häufig finden sich Antithesen, Beispielreihen mit steigernder Wiederholung, bildhafte Anekdoten und immer wieder der verblüffende Ausdruck oder Kernsatz: Der knappe und prägnante, aufs Paradoxe zielende Stil der Stoiker ist hier bis ins Extrem getrieben.

Seneca hatte bei Attalus gelernt, daß die Rede Appellcharakter haben müsse, wenn es darum ging, kein Schulredner, sondern ein philosophischer Lehrer und Seelenführer zu sein, nicht nur für einen Freundeskreis, sondern für möglichst viele der zivilisationskranken Zeitgenossen. Und ebendies wollte Seneca sein. Erwecken, aufrütteln und einen Aufschwung der Seelen bewirken – das konnte man nur mit einer glitzernden und funkelnden Redeweise, denn es galt, die Aufmerksamkeit einer von Reizen aller Art überfluteten, übersättigten Gesellschaft zu wecken und zu fesseln. Daher die Schlußpointen, wie bei Caligulas «Thyestesmahl», wo sich nach der bühnenreifen Bankettszene noch eine Steigerung ergibt (s. u. S. 79f.). Oder die zahllosen Sentenzen und Anekdoten, die dem vielbeschäftigten Leser und Hörer statt einer langen Argumentationsreihe im Gedächtnis bleiben. Wieviel läßt sich nicht sagen über die virtus als einzig wahres Gut? Eines merkt sich gewiß jeder: die Geschichte des Weisen, der aus der Katastrophe alles Seinige gerettet hat und bei sich trägt (s. u. S. 69). Der heutige Leser spürt vielleicht besser als frühere, geruhsamere Generationen, wie dieser wirkungskräftige Stil im Dienste einer Psychagogik steht. Es heißt: nicht abschalten oder umschalten; der vagus auditor soll dabeibleiben und teilnehmen an Senecas Erziehungswerk. Auch dieser wollte, wie Lukrez in seinem Lehrepos, den Becher mit der Medizin am Rande mit Honig bestreichen.[79] Dieser Lehrabsicht entspricht sein suggestiver Stil, der, oft als manieristisch, rhetorisch, pathetisch oder schwülstig getadelt (Nietzsches «Toreador der Tugend»), Kopfschütteln und Ablehnung oder auch Anerkennung hervorruft, aber wohl niemals gleichgültig läßt.

Seneca war nicht nur der Lehrer eines Kaisers, er hatte Freunde und Schüler um sich, mit denen er über die rechte Lebensführung auf der Grundlage der Philosophie diskutierte. Für sie wie für die zahlreichen Anhänger und Sympathisanten der stoischen Weltanschauung verfaßte Seneca Schriften, in denen er Aspekte der Lebensgestaltung behandelte.

Weisheitslehre – Lebenslehre

Dialogi werden die philosophischen Einzelschriften Senecas in der Überlieferung genannt[80], ein Ausdruck, der sich schon bei Platons Spätwerk von einer Gesprächssituation zu einem Lehrvortrag mit nur gelegentlichen Einwürfen und Entgegnungen verschoben hatte. Der Dialogcharakter, das Ansprechen eines Partners, der sich beim Erörtern eines Problems jeweils zu Wort meldet, ist in der hellenistischen Gattung der Diatribe erhalten geblieben (wörtlich: Beschäftigung, Unterhaltung), den populärphilosophischen Vorträgen der verschiedenen Schulen, vor allem der Kyniker. Die Lebensnähe, die Bezugnahme auf den einzelnen geht auf die Sokratik zurück, der zwanglose, leichte Gesprächston, der gleichwohl eine Fülle von Stilmitteln einsetzt, zeigt den Einfluß der Sophistik und Rhetorik. Der Themenkreis war breit gefächert: Die schon erwähnte Trostliteratur gehörte dazu, es ging allgemein um die Bewältigung von Lebensproblemen mit Hilfe einer philosophischen Orientierung. Die einzelnen Schulen wiesen dazu verschiedene Wege, trafen sich aber beim gleichen Ziel. Dies war die Eudämonie, inneres Glück und Seelenfrieden durch Ataraxie oder Apathie, Freisein von Leidenschaften, Unabhängigkeit von äußeren Gütern, vom guten wie vom bösen Schicksal.

Moral Essays: dieser englischsprachige Ausdruck bezeichnet die Gattung am besten. Der Kunstcharakter des Essays befreit die sittliche Unterweisung von ihrer Schwere; es soll nicht Moral gepredigt werden. Dies gilt besonders für Seneca, der in der Nachfolge Ciceros die römische urbanitas einbrachte: den Gesprächston der römischen Gesellschaft, mit Witz und Eleganz.[81] Diese urbanitas ist auch humanitas; es entspricht der Höflichkeit, einen vir Romanus nicht von oben herab mit Kathederphilosophie zu traktieren.

Die Datierung von Senecas Dialogen bleibt trotz aller Bemühungen im einzelnen problematisch.[82] Aus der mittleren Schaffensperiode, also aus der Zeit nach dem Exil bis zum Rücktritt, lassen sich folgende Dialoge thematisch zusammenfassen: *De brevitate vitae – Von der Kürze des Lebens, De tranquillitate animi – Von der Ruhe des Gemüts, De constantia sapientis – Von der Standhaftigkeit des Weisen, De vita beata – Vom*

Seneca. Aus «Illustrium imagines, ex antiquis marmoribus, nomismatibus, et gemmis expressae: Quae exstant Romae, maior pars apud Fulvium Ursinum» von Johann Faber, Antwerpen 1606

glücklichen Leben.[83] Man kann den erstgenannten Dialog als denjenigen Senecas bezeichnen, der wohl ohne Abstriche auf die Situation auch des heutigen Menschen paßt.[84] Es geht in *De brevitate vitae* um den rechten Gebrauch der Zeit. Jedermann beklagt sich, das Leben sei so kurz, und er habe nicht genügend Zeit. Aber wir haben nicht zuwenig Zeit, wir vergeuden sie. Mit dem Kostbarsten, was wir haben, mit unserer Lebenszeit, gehen wir um wie mit einem Spielzeug, wir verspielen die Zeit mit hundert sinn- und nutzlosen Beschäftigungen. Mit seiner Trennung zwischen innerer, subjektiver Zeiterfahrung und äußerer, meßbarer Zeit geht Seneca der Zeitreflexion des Augustinus voran.[85] Wenn wir das Leben recht nutzen, ist es lang genug. Wir sind jedoch die *occupati*, die Vielgeschäftigen, heute hier, morgen dort, das heißt: überall und nirgends. Und wir leben auch nie im Hier und Jetzt, sondern planen für die ferne Zukunft, von der wir gar nicht wissen, ob wir sie überhaupt erleben, und verpassen dabei die Gegenwart. Wir haben keine Zeit für die anderen, ja nicht einmal für uns selbst. Warum machen wir uns nicht klar, daß die Zeit unser Leben ist und daß dieses unter dem Zeichen der Endlichkeit steht? *Niemand findet sich, der sein Geld austeilen will; an wie viele aber verteilt jeder sein Leben! Ihr lebt so, als währte euer Leben ewig; niemals kommt euch eure Hinfälligkeit in den Sinn. Ihr beachtet nicht, wieviel Zeit schon vergangen ist. ‹Ja, vom fünfzigsten Jahr an werde ich mir Ruhe gönnen, das sechzigste wird mich aus allen Verpflichtungen entlassen.› Aber wer garantiert dir dafür, daß du dieses Alter erreichst? Und es ist doch recht spät, wenn man mit dem Leben erst dann beginnt, wenn das Ende schon bevorsteht!*[86] Leider denken daran nur die wenigsten; die meisten gehören zu den *occupati*, den Betriebsamen, die, mit Berufs- und Amtsgeschäften überhäuft, tagaus, tagein durch die Stadt rennen.

Aber auch die Müßiggänger haben keine wirkliche Muße. Die Kunstsammler jagen nach seltenen Stücken, die Wichtigtuer hetzen schon am frühen Morgen ihre Sklaven herum, damit ihr abendliches Gastmahl auch ja zum Stadtgespräch wird, der Eitle muß täglich zum Friseur, und eher darf der Staat in Unordnung kommen als seine Haartracht! Und wenn solch einer wirklich einmal Zeit hat, dann langweilt er sich und kann es gar nicht abwarten bis zum nächsten Gladiatorenspiel. Was nützt da ein langes Leben? *Non ille diu vixit, sed diu fuit – Der hat nicht lange gelebt, sondern ist nur lange dagewesen.*[87] Bei solch dauernder Betriebsamkeit und rastloser Untätigkeit verrinnt das Leben wie Wasser durch ein Sieb. *Sehr kurz und voller Sorgen ist das Leben derer, die das Vergangene vergessen, das Gegenwärtige vernachlässigen, vor der Zukunft Angst haben; wenn sie ans Ende gekommen sind, erkennen die Unglücklichen zu spät, daß sie, ohne etwas zu tun, so lange beschäftigt gewesen sind.*[88] Nach dem lebendig ausgemalten Gegenbild kommt Seneca zur Gestaltung eines erfüllten Lebens: Nur diejenigen leben wirklich, die Zeit haben für die Philosophie, die ihnen Ruhe und innere Sammlung gewährt und ihren Geist auf hohe, würdige Gegenstände richtet. Seneca spricht nicht vom Weisen, von einem Ideal, sondern stellt die Beschäftigung mit Philosophie in den Rahmen des otium, der sinnerfüllten Mußezeit. Hierbei wird nicht nur der gegenwärtige Augenblick genutzt, vielmehr wird die Lebenszeit in die Vergangenheit hinein verlängert. Indem wir uns mit Sokrates, mit Epikur und Karneades, mit Stoikern und Kynikern unterhal-

Allegorie der Rhetorik mit Seneca (oben links).
Holzschnitt aus «Margarita philosophica» von Gregor Reisch, Freiburg 1503

ten, fügen wir unserer eigenen Lebenszeit andere Zeitalter hinzu. Der schöne Gedanke vom Gespräch der Geister über die Jahrhunderte hinweg, der in Renaissance und Humanismus so fruchtbar werden sollte, wird hier von Seneca vorgestellt. Und dieser beschränkt sich dabei nicht auf seine Schule, sondern wirbt für die Philosophie allgemein.

Schließlich wendet er sich an seinen Adressaten Pompeius Paulinus aus Arelate (Arles), seinen Schwiegervater, der das wichtige Amt der Getreideversorgung (praefectura annonae) innehatte. Paulinus wird aufgefordert, sich angesichts seines fortgeschrittenen Alters jener edlen Muße zuzuwenden, die Seneca ihm vor Augen gestellt hat. Man hat sich gewundert, daß der Stoiker Seneca zur Niederlegung von Pflichten im Dienste des Staates aufruft. Doch hat Seneca hier ein weniger direktes Ziel. Das Beispiel des neunzigjährigen Greises, der glaubt sterben zu müssen, wenn man ihn endlich von seinem Amt entbindet, spricht für sich. Viele sind so wie er, sagt Seneca: Sie klammern sich an ihre Ämter, kämpfen gegen ihre körperliche Schwäche und halten das Alter aus keinem anderen Grunde für beschwerlich, als weil es sie beiseite stellt.[89] Es geht darum, Paulinus und anderen in gleicher Lage klarzumachen, daß das Leben nicht nur aus Arbeit besteht. Vielmehr soll man sich beizeiten – in Form der praemeditatio, des «Vorausüberlegens» – andere Ziele stecken, die das Leben noch lebenswert machen: Erkenntnis zu gewinnen über Mensch und Welt, Wissen um rechtes Leben und Sterben.

De tranquillitate animi – Von der Ruhe des Gemüts hat die Form eines brieflichen Zwiegesprächs mit dem Freund und Verwandten Annaeus Serenus. Dieser erklärt Seneca, er leide an einem Gemütszustand, den er als ein vitium, einen Charakterfehler, ja als eine Krankheit ansehe, für die Seneca wie ein Arzt zunächst einmal den Namen und dann natürlich das Heilmittel finden müsse. Diagnose und Therapie werden von der Philosophie erwartet, die hier ganz ausdrücklich Seelenheilkunde ist, Vorläuferin unserer Psychologie und Psychotherapie.

Serenus fühlt sich nicht krank, aber auch nicht gesund. Er leidet an einem inneren Schwanken wie an einer Seekrankheit: Einerseits hat er die Lehren der Philosophie bereits verinnerlicht; er liebt ein Leben ohne Luxus und Aufwand, der doch nur beschwert, aber wenn er dann zu einem der prächtigen Diners eingeladen ist, in ein Haus, das glänzt und funkelt vom Fußboden bis zum Dach, mit Heeren goldbetreßter Diener, mit klaren Wasserbecken im Speisesaal und ausgesuchten Leckereien, dann beschleicht ihn ein Gefühl des Unmuts und des Zweifels, ob er mit seinem Ideal des einfachen Lebens auf dem richtigen Wege sei. Und ebenso schwankt er zwischen der vita activa und der vita contemplativa: Eifrig stürzt er sich in die Geschäfte auf dem Forum, dann aber, wenn nicht alles rasch von der Hand geht, wendet er sich wieder zum otium, zur Muße in seinen vier Wänden, zu den Wissenschaften. Doch auch hier, beim Schreiben und Formulieren, ist er bald nicht mehr zufrieden; kurz, überall verfolgt ihn die *bonae mentis infirmitas*[90], ein Mangel an Festigkeit bei allem guten Willen.

Seneca soll ihm nun zur ersehnten *tranquillitas* verhelfen. Tristitia, taedium, displicentia sui, fastidium vitae, odium humani generis – Trübsinn, Mißstimmung, Unbehagen an sich selbst, Lebensüberdruß, bis hin zu einem Haß auf die ganze Menschheit: eine solche negative Lebensstimmung der «schwarzen Galle», der Melancholie, fließt wie eine geheime Unterströmung durch die Jahrhunderte, als acedia bei Dante und Petrarca, als melencholia bei Dürer, als tristesse und ennui im Fin de siècle, als existentielle Neurose beim modernen Menschen. Der geistigen Seekrankheit – *nausea* – des Serenus entspricht Sartres «La nausée», der «Lebensekel», wozu heute noch die «Sinnkrise» kommt, eine «existentielle Frustration des Unerfülltseins des Menschen in seinem ihm angeborenen Willen zu einem Sinn». (Viktor E. Frankl) Senecas Diagnose und seine Therapievorschläge sind nüchtern und pragmatisch; da sie auf jeden «Überbau» verzichten, sind sie bis heute gültig und berühren sich vielfach mit modernen Stellungnahmen.[91]

Was Serenus sich wünscht, antwortet Seneca, ist etwas Großes: die Widerstandsfähigkeit der Seele, was die Griechen Euthymia nennen – Demokrit hat darüber geschrieben. Der *animus*, Seele und Geist, muß stets im gleichen, ruhigen Gang gehen, mit sich selbst im Einklang, zufrieden, freudig und ohne jähes Auf und Ab. Das ist dann *tranquillitas*. Wir müssen zunächst das ganze Übel diagnostizieren, bevor wir zu den Heilmitteln kommen. Darunter leiden ja so viele – die schon in *De brevitate vitae* behandelten *occupati*, die Vielgeschäftigen, und die nach Reichtum und Einfluß gieren, und die Rastlosen, die stets ihre Beschäftigungen wechseln wie ein Schlafloser seine Lage: Sie steigern ihre Genüsse, was nur Überdruß zur Folge hat, sie reisen ziellos umher, was ihnen keinen Nutzen bringt, da sie sich selbst nicht entkommen, und wenn sie Muße haben, ertragen sie es nicht, mit sich allein zu sein. Blaise Pascal, der über die «Zerstreuung» nachdachte, war der Meinung, «daß alles Unglück der Menschen von einem einzigen herkommt: Sie bringen es nicht fertig, in Ruhe in ihrem Zimmer zu bleiben»[92].

Die Grundvoraussetzung zu einer Heilung besteht für Seneca darin, mit sich selbst ins reine zu kommen, sich selbst anzunehmen. Dazu gehört eine illusionslose Einschätzung der eigenen Fähigkeiten und Möglichkeiten und danach eine adäquate Lebensstrategie: Was kann ich und was will ich, und wie ist es zu erreichen? Wer sich selbst etwas vormacht und sich zu hohe Ziele steckt, gerät bei seinem notwendigen Scheitern in Frustration und Resignation, ja in Haß und Selbstquälerei. Da wir die Dinge um uns nicht ändern können, gilt es, die richtige Einstellung zu haben, die *recta ratio. Faciles etiam nos faciamus, fügsam und nachgiebig müssen wir uns auch machen* (14,1), nicht mit Fortuna hadern, sondern flexibel sein und widrigen Umständen noch etwas Positives abgewinnen. Diese Gelassenheit ist nur möglich aufgrund eines sicheren Selbstwertgefühls, und um dieses zu erhalten und vor Schwankungen zu bewahren, ist beständige *cura*, Sorge und Aufmerksamkeit, nötig, die «Sorge um die Seele», die schon Sokrates empfahl. Seneca gibt dazu diätische Ratschläge. Er empfiehlt, *miscere otium rebus, Muße mit Tätigkeit zu mischen* (4,8), Freundschaften zu pflegen, sich auch Ruhe und

Ausspannen zu genehmigen, eine Spazierfahrt, ein gemeinsames Mahl, ja sogar einmal einen tieferen Blick ins Glas – das ist heilsam gegen Grillen und Sorgen. Und wer sich in einer exponierten Stellung befindet, möge immer wieder bedacht sein, sich zurückzunehmen, um dem Schicksal keine zu großen Angriffsflächen zu bieten.

Dies galt speziell für Serenus, der als kaiserlicher Präfekt Nero direkt unterstellt war und somit zu jenen gehörte, *die das Geschick auf einen risikoreichen Platz gestellt hat*, wie Seneca nur zu gut weiß (10,6). Für Serenus hielt das Schicksal möglicherweise noch größere Bewährungsproben bereit, und so sollte er sich nicht nur wie ein Patient Heilmittel verabreichen lassen, sondern als ein proficiens auf dem Wege der Philosophie fortschreiten und sich am Bilde des Weisen orientieren. Auf dieses gibt Seneca in *De tranquillitate animi* einen Ausblick und stellt es seinem Freund Serenus in *De constantia sapientis* vor Augen. «Aber der Weg ist allzu rauh und steil», meint Serenus. Seneca will ihn vom Gegenteil überzeugen.

Es ist wie bei einem Aufstieg auf einen steilen Berg: Von unten sieht es schwieriger aus als beim allmählichen Anstieg. Und der Weise ist nicht das unerreichbare Ideal der Stoiker, sondern ein Mann wie der unerschütterliche Cato der Jüngere. Er ist das *exemplar sapientis viri*, an dem sich eben das beweisen läßt, worauf es Serenus ankommt. Dieser plagt sich nämlich mit schmerzlicher Empörung über Unrecht und Kränkungen und gibt sich nicht zufrieden mit den Beteuerungen seines Freundes, der Weise könne keinerlei Unrecht erleiden. Wenn das so wäre, dann wolle er alles im Stich lassen und sofort Stoiker werden! Nein, sagt Seneca: *Invulnerabile est non quod non feritur, sed quod non laeditur – Unverwundbar ist nicht, was nicht von Schlägen getroffen wird, sondern was dadurch nicht geschädigt wird.* (3,3) Der *animus solidus* des Weisen bleibt unerschüttert, auch wenn ihm Unrecht und Kränkungen zugefügt werden. Er spürt sie zwar wie einen Stich – Seneca weist mehrfach darauf hin, daß auch für ihn als Stoiker der Weise nicht aus Stein (und damit unmenschlich) ist. Wer geschlagen, verletzt, eines Körpergliedes beraubt wird, erleidet zweifellos einen Schmerz, aber man kann ihm keinen Schaden zufügen. Denn er stützt sich allein auf die virtus, die sittliche Vollkommenheit, das wichtigste, ja das einzig wahre Gut, und dieses kann ihm nicht genommen werden.

Er habe nichts verloren, sagt der Philosoph Stilpon (nach anderen war es Bias) nach der Zerstörung und Plünderung seiner Heimatstadt Megara. *«Omnia mea mecum sunt – Ich habe alles Meinige bei mir.»* (5,6) Schicksalsschläge und Unglücksfälle sind unvermeidbar, aber sie stellen eine materia virtutis, ein Bewährungsfeld für die virtus dar. Mit *patientia* und *magnitudo animi* weiß sich der Weise zu wappnen, mit Geduld und «Hochgesinntheit», jener mutigen Haltung des Ertragens im Bewußtsein des eigenen Wertes, die man an den Helden der römischen Geschichte, einem Mucius Scaevola oder Regulus, rühmte.[93] Die stolze Unerschütterlichkeit, die hier, auch im Bilde des tapferen Gladiators in der Arena, beschworen wird, gründet sich auf stete *exercitatio*, auf lebenslange Übung in der rechten Einschätzung der Dinge, jenseits von Hangen und Bangen. Nec spe nec metu – ohne Hoffen und Bangen, wie es in späteren Zeiten zum Wahlspruch wurde (zum Beispiel bei Philipp II. von Spanien).

De vita beata – Vom glücklichen Leben[94] vertritt die gleichen Grundsätze wie die vorherigen Dialoge: Es geht um die Formung der autonomen Persönlichkeit, die frei von allen äußeren Einflüssen sicher in sich ruht. *Beata ergo vita est in recto certoque iudicio stabilitata et inmutabilis – Glücklich ist also ein Leben, das auf dem Fundament eines richtigen, sicheren Urteils fest und unerschütterlich gegründet ist.* (5,3) Dies gelingt durch ein Leben in Übereinstimmung mit der Natur – der oberste stoische Grundsatz; und diese Allnatur, *rerum natura*, wird mit der Natur des Einzelmenschen in eins gesetzt: *Beata est ergo vita conveniens naturae suae*. (3,3) Der Mensch muß sozusagen sein inneres Programm entwickeln. Hierzu bedarf es einer *sana mens*, einer Seele, die gesund, das heißt im rechten Einklang mit allen äußeren Gegebenheiten ist und die Geschenke der Fortuna nutzt, aber ihnen nicht sklavisch ergeben ist. Daraus entsteht dann *die Freiheit, und dieser folgt eine beständige innere Ruhe, wenn all das vertrieben ist, was uns verwirrt oder schreckt – sequi perpetuam tranquillitatem libertatem, depulsis iis quae aut irritant nos aut territant.* (3,4) Der Wechsel in der Wortwahl zwischen den langen, ruhig klingenden Hauptworten und den nervös stechenden Verben (nur ein kleines Beispiel für Senecas Stil) fordert gleichsam dazu auf, aus der Unruhe in die Ruhe zu gelangen. Das höchste Gut manifestiert sich in einem Sinn, der auf das Zufällige herabschaut und sich an seiner *virtus* freut, erfahren in den Dingen des Lebens und dabei voll *humanitas* und *cura* für die Mitmenschen. (4,2)

Diese Hervorhebungen sind über den Adressaten, den Bruder Gallio, hinaus auf ein weiteres Publikum berechnet, und zwar auf die Kritiker, mit denen Seneca in dieser Schrift (die möglicherweise in einer Lesung bekanntgemacht wurde) abzurechnen gedenkt. Da sind zunächst diejenigen, die ihm ein nicht ganz lupenreines Stoikertum vorwerfen. Er will dem Bruder die stoische Ansicht über das glückliche Leben vortragen. *Wenn ich aber «unsere Ansicht» sage, so heißt das nicht, daß ich mich an einen der maßgeblichen Stoiker binde: Auch mir steht das Recht einer eigenen Stellungnahme zu. Deshalb werde ich dem einen beipflichten, einen anderen aber auffordern, seinen Antrag zur Abstimmung in Einzelpunkte aufzuteilen. Vielleicht werde ich auch, nach allen anderen zur Stimmabgabe aufgerufen, nichts von dem verwerfen, was meine Vorredner erklärt haben und höchstens sagen: «Dies beantrage ich noch zusätzlich.»* (3,2) In den Termini der Senatsdebatte erklärt Seneca hier sein Lehrverfahren. Auf die Worte eines Meisters zu schwören ist wider das Prinzip der Wahrheitssuche; schon Cicero hatte dies verworfen. Seit den Tagen des Gründers Zenon (der Schüler eines Kynikers war) hatte die Stoa, über Chrysipp, Kleanthes, Panaitios und Poseidonios, immer wieder Veränderungen erfahren. Sollte sie gerade jetzt, in einer Zeit fortschreitender Individualisierung, erstarren? Seneca weist zu Recht darauf hin, daß auch er, obwohl er viele «Vorredner» hat, dennoch eine eigene Stellungnahme beanspruchen kann. Dies macht er auch in den Briefen an Lucilius immer wieder deutlich. So sollte man nicht in abwertendem Sinne von Senecas «Eklektizismus» sprechen. Ihm ging es nicht um die Aufstellung neuer Lehrsätze, sondern um Adaptierung und Modifizierung der Philosophie für die Lebensfragen seiner Zeit. Darin erblickte er durchaus eine eigene Leistung.[95] In dieser Intention vertritt er mit Epiktet, Musonius und Marc Aurel die jüngere Stoa, die der Verinnerlichung des Individuums Rechnung trägt.

Wenn Seneca vom *summum bonum*, vom höchsten Gut und Lebensziel, spricht, ruft er die Anhänger anderer Philosophenschulen auf den Plan; jede secta besaß dazu ihre eigenen Vorstellungen. Cicero hatte darüber in seinem Werk «De finibus bonorum et malorum – Über das höchste Gut und das größte Übel» gehandelt. Die Hauptgegner der Stoiker waren die Epikureer, die das Prinzip der Lust verfochten. Die Stoiker standen dagegen vielfach im Ruch eines düsteren, freudlosen Asketentums. Dagegen betont Seneca nun die tiefinnere Freude, die den Menschen erfüllt, der nach den Grundsätzen der Stoa in Harmonie mit sich und der Natur lebt. Und er trennt der Gerechtigkeit halber die Lehre Epikurs vom Vulgär- oder Pseudoepikureismus. Die Lust, von der jener sprach, hat mit Sinnenlust und Schwelgerei nichts zu tun. Sie ist sogar eher nüchtern und trocken (was sich durch einen Blick auf Epikurs überlieferte Lehrsätze bestätigen läßt[96]), wie ja auch dessen Ziel, die Ataraxie, die «Meeresstille der Seele» (Galéne), von der stoischen tranquillitas nicht grundsätzlich verschieden ist. Daher teilt Seneca keineswegs die Meinung vieler, auch seiner «Glaubensgenossen», die Sekte Epikurs sei eine Lehrmeisterin von Lastern, sondern er sagt nur, sie stehe in schlechtem Ruf, gebe zu Mißverständnissen Anlaß.

Von dieser prinzipiellen Beurteilung aus läßt sich auch verstehen, wieso Seneca des öfteren, vor allem in den Briefen an Lucilius, auf Epikur zu sprechen kommt. Viele seiner Zeitgenossen neigten zu einem moderaten Epikureismus, darunter auch solche, die ihn nicht als Deckmantel für ein lasterhaftes Leben, sondern als Rechtfertigung für ihre Zurückgezogenheit benutzten. Dagegen betont Seneca die echt römische soziale Bindung der Stoa, ihre humanitas und cura für den Mitmenschen. Der Stoiker ist also kein finsterer Eigenbrötler, er ist freundlich, umgänglich, dem Leben und der Welt zugewandt.

Damit bietet Seneca freilich einer weiteren, höchst aggressiven Gruppe von Kritikern eine offene Flanke. Ist er nicht allzusehr dem Le-

Epikur. Römische Kopie des 1. Jahrhunderts, nach einem griechischen Original. New York, Metropolitan Museum

ben zugewandt? *Aliter loqueris, aliter vivis – Du redest anders, als du lebst!* (18,1) Warum verhältst du dich einem Höherstehenden gegenüber unterwürfig, hältst Geld für ein unentbehrliches Mittel, läßt dich erschüttern und zu Tränen rühren – und vor allem: warum dieser Reichtum, diese Pracht in deinem Haus, Heere von Sklaven, Besitzungen jenseits des Meeres? Der geistige Führer, der Wasser predigt und Wein trinkt, hat allzeit die Kritik nicht nur der Zeitgenossen herausgefordert. War Seneca nicht «theoretisch ein Fels und praktisch ein Mitmacher»[97]? Der Angegriffene konnte geltend machen, daß man, um Einwirkungsmöglichkeiten auf die führenden Schichten zu haben, nicht als Diogenes in der Tonne leben könne. In seinem Rücktrittsgesuch weist Seneca dann vor Nero selbst auf seinen, für einen homo novus übermäßigen Reichtum hin. *Nur eine Entschuldigung kommt mir in den Sinn: Ich durfte deine Geschenke nicht zurückweisen.*[98] Hier betont er, daß man ihn nicht an einem Ideal messen dürfe: *Ich bin nicht der Weise, und ich werde es auch nicht sein. Fordere daher von mir nicht, daß ich den Besten gleich bin, sondern nur, daß ich besser als die Schlechten bin.* (17,3) Es ist genug, täglich etwas von seinen Fehlern zu tilgen und seinen Irrtümern abzuschwören. Für die Rotte seiner Kritiker aber, die kläffend gegen jeden Philosophen und jeden nach philosophischen Grundsätzen Lebenden losfahren, gilt der

Spruch, daß sie den Splitter im Auge des anderen, aber nicht den Balken im eigenen Auge sehen. (27,4) Sokrates selbst muß aus dem Kerker heraus als unanfechtbare Autorität das abschließende Verdikt über Senecas Kritiker sprechen.

Die keineswegs mit stoischem Gleichmut replizierten Vorwürfe gegen Seneca, der als reicher Hof- und Weltmann die Selbstgenügsamkeit predigt, sind nicht nur Einwürfe eines fictus interlocutor, des Gegenredners, wie er literarischer Tradition entsprach. Aus dem Prozeß des Suillius kennen wir massive Anwürfe gegen Seneca, der, wie aus Tacitus und Cassius Dio zur Genüge hervorgeht, Hasser und Neider in Menge besaß. «Durch welche Weisheit, durch welche philosophischen Lehren hat er das fertiggebracht, in vier Jahren Freundschaft mit dem Princeps 300 Millionen Sesterzien zusammenzuraffen? In Rom hat er seine Netze ausgespannt, daß er in jedem Testament bedacht wird, Italien und die Provinzen beutet er mit riesigen Zinssummen aus – der Emporkömmling!»[99] Cassius Dio überliefert zu den hohen Summen noch die öfters weitergegebene Einzelheit von den 500 Zitrustischen, die mit Elfenbein verziert und von jeweils gleicher Maserung waren.[100] Die römische Gesellschaft war es nicht gewohnt, statt der Wanderprediger und Schullehrer einen Philosophen aus ihren eigenen Reihen zu erleben. Senecas Rolle als Lebenslehrer und Hofmann war nicht nur für ihn selbst schwierig. Daß man auf seine massiven Vorhaltungen, wie seine Zivilisationsschelte, mit Gegenvorwürfen reagierte, war verständlich. Aber noch stand er auf der Höhe seines Ansehens als enger Vertrauter Neros, der ihn, wie alle seine Freunde, mit Gunstbeweisen, auch finanzieller Art, überhäufte.

Solche beneficia, Wohltaten, konnte man nicht zurückweisen, man vermochte dem daraus entstehenden Reichtum aber mit der *recta ratio* zu begegnen, wie Seneca in *De vita beata* betont: Man bedient sich der Gaben Fortunas, aber dient ihnen nicht. Reichtum gehört, wie Gesundheit, zu den wertneutralen Gütern (Adiáphora, indifferentia), aber zu solchen, die in der stoischen Lehre bevorzugte Güter (Prohegména, praeposita) genannt werden. Der Reichtum hat den Vorteil, daß er eine materia virtutis bildet: Man kann ihn, wie es von Seneca auch bezeugt ist[101], zum Wohl seiner Mitmenschen verwenden.

Hiermit beschäftigt sich Seneca in den sieben Büchern seiner Abhandlung *De beneficiis – Von den Wohltaten*[102]. Im Gegensatz zur Moderne, da man bei Wohltaten an gelegentliche Spenden für christlich-humanitäre Zwecke denkt, war im römischen Reich das soziale Netz aus beneficia geknüpft. Dazu gehörten regelmäßige materielle Zuwendungen und allgemeine Hilfestellung für einen größeren festen Personenkreis: die althergebrachte Patronage der adligen Familien über ihre Klienten, Angehörige unterer Schichten. Diese wiederum stärkten durch mancherlei Dienste (officia), wie bei den Wahlen, das Prestige der nobiles.[103] Aber auch die Höheren waren oft auf munificentia oder liberalitas, Freigebigkeit im Schenken, angewiesen, sei es von seiten ihrer Standesgenossen oder des Princeps. So mußten sie beim Zensus, der offiziellen Vermögensschätzung und Steuerfestsetzung, ein bestimmtes Vermögen vorweisen, um ihren sozialen Rang, zum Beispiel die Ritterwürde, zu behalten. Reiche Mittel waren zur Amtsführung vonnöten, die unentgeltlich, aber sehr kostenintensiv war, man denke an die Veranstaltung von Spielen. Da es in der Politik keine Parteien gab, dafür aber Gefälligkeitslobbys, mußte man auch zum Fortschreiten in der Ämterlaufbahn, zum Gewinnen von Wahlen, beneficia erweisen, sei es die Gewährung eines Kredits oder eine Fürsprache höheren Orts. Bei solchen Verpflichtungen konnte man schon ins Gedränge kommen: Soll ich, muß ich diesem oder jenem helfen, mich erkenntlich zeigen? Schon Cicero hatte in seiner Pflichtenlehre «De officiis» auf den Zwiespalt zwischen Dankbarkeit und Gerechtigkeit hingewiesen.[104] Wie Cicero blickt auch Seneca auf die menschliche Gesellschaft allgemein, der gegenüber sich der einzelne durch soziales Handeln verantwortlich zeigen muß: *Mutua officia*, gegenseitige Dienste, ermöglichen überhaupt erst ein zivilisiertes Zusammenleben, und für dieses muß ein Gesetz, eine *lex vitae*, gegeben werden. (IV 18,1; I 4,2)

Die Stoiker sehen im Bild der drei Grazien das Wesen der Wohltaten ausgedrückt (I 3 4f.): Die eine ist es, die Wohltaten erweist, die zweite nimmt sie entgegen, die dritte erwidert sie. Im Reigen, einander an den Händen fassend, leicht und lächelnd sind sie dargestellt: So sollen Wohltaten gegeben, empfangen und wieder vergolten werden. Diese sind zwar oft etwas Materielles – obwohl auch ein guter Rat, ein Zuspruch, ein Krankenbesuch ein beneficium ist –, aber das Wesentliche daran ist die Gesinnung, die innere Einstellung (*animus* oder *voluntas*): Die stoische Ethik ist eine Gesinnungsethik. So betont Seneca immer wieder, daß ein beneficium kein Kredit sei, den man ins Schuldbuch schreibt und baldmöglichst einfordert. Durch eine solche Auffassung zerstört man das Wesen der Wohltat: Sie muß aus freiem Herzen, freudig, ohne Schielen auf den eigenen Vorteil und ohne Beschämung des Beschenkten erwiesen werden. Sie hat ihren Wert in sich selbst, in einer *bona conscientia*, einem guten Gewissen.

Da für den Wert der Gabe allein die Gesinnung ausschlaggebend ist, kommt es – ebenso wie im christlichen Denken – nicht darauf an, wie groß sie ist. Das «Scherflein der Witwe» gilt gleichviel wie das Geschenk eines Königs. Der Schenkende hat seine Wohltat auch erwiesen, wenn die Gabe letztlich nicht ihr Ziel erreicht, wenn vielleicht widrige Umstände dies verhindern oder der Beschenkte üblen Gebrauch davon macht. Letzteres kann man zu verhindern suchen, wenn man die *recta ratio*, Überlegung und sorgfältige Prüfung, walten läßt. Ganz auszuschließen ist es jedoch nicht, man muß auch mit der – leider weitverbreiteten! – Undankbarkeit leben können. Man nehme sich ein Beispiel an

Die drei Grazien. Vergoldetes Zierblech eines Spiegels, 3. Jahrhundert. München, Prähistorische Staatssammlung

den Göttern, die auch über Verbrechern die Sonne aufgehen lassen (IV 26,1): wie der jüdisch-christliche Gott seine Sonne aufgehen läßt über Gerechten und Ungerechten. *Non homini damus, sed humanitati – Wir geben nicht einem einzelnen Menschen, sondern der Menschheit.* (IV 29,3) Zu dieser Menschheit gehören alle – auch Sklaven können über ihre Dienstpflicht hinaus Wohltaten erweisen. Wie viele haben nicht ihren Herrinnen und Herren unter eigener Gefahr das Leben gerettet! Ihr besserer Teil *(pars melior)*, ihr Geist und damit ihre Gesinnung, ist frei, und die virtus gehört allen. *Also wird ein Herr auch eine Wohltat von einem Sklaven empfangen? Immo homo ab homine – Vielmehr ein Mensch von einem Menschen.* (III 22,3)

Der Mensch ist aber, so betont Seneca[105], von der Natur, das heißt von einem göttlichen Prinzip, in die große und schöne Ordnung des Alls hineingestellt und mit reichen Gaben bedacht worden. Wenn er dem Mitmenschen gegenüber wohltätig ist, folgt er dem Beispiel der Götter; er lebt ‹der Natur gemäß›, wie es die Stoa als Voraussetzung zu einem glücklichen Leben fordert.

Ein Schauspiel für die Götter – Die Tragödien

In seinem Dialog *De providentia – Von der Vorsehung* will Seneca die Frage seines Freundes Lucilius zu beantworten suchen: Wenn die Welt von einer Vorsehung gelenkt wird, warum erleiden dann gerade die Guten soviel Böses? Dieses Problem der Theodizee ist vom Buch Hiob an über Leibniz und Hegel immer wieder diskutiert worden. Die Voraussetzung, nämlich daß es überhaupt eine Vorsehung gibt, die das All regiert, will Seneca abtrennen; damit beschäftigt er sich in seinen *Naturales quaestiones*.

Causam deorum agam – Ich will als Anwalt der Götter auftreten, sagt er. (1,1) Wie so oft geht es auch hier um die rechte Einsicht. Die Übel, die den Menschen betreffen, sind von den Göttern nicht als Strafe gemeint: *omnia adversa exercitationes putat – alles Widrige muß der Mensch als Prüfung seiner virtus, seiner Tüchtigkeit verstehen.* (2,2) Und er hat gerade darin eine Wertschätzung von seiten Gottes zu sehen, der ihn würdigt, sich in einer Bewährungsprobe hervorzutun. So beklagt sich ja auch ein Soldat nicht, wenn er an einen gefährlichen Posten gestellt wird, ein Gladiator verlangt ausdrücklich nach dem tapfersten Gegner. Und wir haben mitunter auch Gefallen daran, einen Athleten mit einem wilden Tier kämpfen, einen Löwen bezwingen zu sehen. Da wundert es nicht, wenn auch die Götter ein Schauspiel veranstalten, indem sie einen großen Mann mit einem schlimmen Geschick ringen lassen, zumal wenn er es noch selbst herausgefordert hat. Für Jupiter gibt es doch kein schöneres Schauspiel, als wenn er auf Cato blickt, wie er nach dem Zusammenbruch einer ganzen Welt unerschütterlich bleibt[106] und sich den Tod gibt, als Weg in die Freiheit. Mit großer Freude haben die Götter zugesehen, wie Cato noch für die Seinigen sorgte, wie er in seiner letzten Nacht philosophische Schriften las (Platons «Phaidon») und sich zuerst das Schwert in die Brust stieß und dann mit der Hand die Eingeweide zerriß, als ihm der Arzt die Wunde verbunden hatte. Den Göttern war es nicht genug, Cato einmal sterben zu sehen, deshalb war seine erste Verwundung nicht tödlich. Ein würdiges Schauspiel war dies, und der Tod weiht diejenigen, die solch ein Ende finden (2,12) – als Märtyrer der Tugend.

Gladiatoren. Mosaik aus einer römischen Villa aus Nennig an der Mosel, 3. Jahrhundert

Kampf und Leiden sind Prüfungen, in denen der Mensch wie im Feuer geläutert wird. Er kann seine große Seele nur zeigen, wenn er auf die Probe gestellt wird: *calamitas virtutis occasio – das Unglück gibt Gelegenheit zur Erprobung der Vortrefflichkeit* (4,6), und diese *materia virtutis* wird von den Göttern selbst geboten. Mit fast den gleichen Worten spricht der Christ Minucius Felix zwei Jahrhunderte später vom Martyrium seiner Glaubensgenossen, auch dieses ein spectaculum deo.[107]

Man könnte meinen, daß es für Seneca als Stoiker keine Götter gibt. Die Stoa kannte als Zentralbegriff die Heimarméne, die Schicksalsnotwendigkeit, eine Gesetzmäßigkeit im Kosmos, die mit dem Nous, dem göttlichen Weltgeist, in eins geht. Doch schon Kleanthes, der Nachfolger des Zenon, hatte in seinem berühmten Zeus-Hymnus den Gott mit religiöser Emphase als Herrscher des Weltalls und Lenker der Menschen angerufen. Je mehr die Philosophie in der Folgezeit zum Religionsersatz

Seneca und Cato diskutieren über die Freigebigkeit.

wurde, desto stärker drangen religiöse Züge in sie ein, die nicht einfach als Allegorien, als Zugeständnisse an die Hörer und Leser oder als poetische Relikte anzusehen sind. Gott, Götter, Jupiter, Fortuna, Fatum und Vorsehung (providentia) werden bei Seneca genannt als Vertreter eines höheren Prinzips, das nicht im stoischen Schicksalsbegriff aufgeht, sondern personale Züge trägt. Und diese göttliche Instanz prüft den Menschen, und zwar gerade den, den sie wertschätzt und liebt – wie der jüdisch-christliche Gott den züchtigt, den er liebt, und ihm Leiden als Prüfungen schickt.[108] Seneca, der advocatus dei, läßt die Gottheit selbst auftreten und erklären, wie sich vermeintliches Unglück unter höherem Blickwinkel als etwas Positives für den Menschen enthüllt. So ist Cato in alle Zerreißproben des Lebens hineingestellt worden und dadurch für alle Zeiten zum *magnum exemplum*, zu einem erhabenen Beispiel für menschliche Größe geworden, ein Schauspiel nicht nur für die Götter.

Nirgendwo sonst kommt die stoische Auffassung vom Leben als einem Rollenspiel, von der Bühne des Lebens[109], bei Seneca so deutlich zum Ausdruck. Hier ist demgemäß nicht vom abgeklärten Weisen die Rede, sondern vom *magnus* oder *fortis vir*, vom großen Menschen oder vom tapferen, der immer wieder im Bilde des Gladiators erscheint. Die Gottheit wird redend eingeführt: Man denkt an den Anfangs- oder

Vom Karlsteppich aus dem Dom zu Halberstadt, um 1180

Schlußauftritt der Götter in der attischen Tragödie, in dem das Geschehen, zumindest aus göttlichem Blickwinkel, geklärt wird. Und auch dort gibt es die befremdliche göttliche Sympathie mit menschlichem Leid in seiner extremsten Form, das durch den Tod nicht so sehr beendet als vielmehr gekrönt erscheint. So wird auch bei Seneca der Tod gefeiert als Ziel- und Endpunkt. Die Gottheit selbst preist am Schluß den Freitod als ihr bestes Geschenk an die Menschheit.

Die Welt als Bühne für den tapferen einzelnen, sein Leben ein Schauspiel – war es nicht folgerichtig, daß sich Seneca dem Drama zuwandte? Hier findet sich eine Übergangsstelle zur Gedankenwelt der Tragödien Senecas. Im Streben nach Schicksalsunabhängigkeit, nach Sinn im Leiden, nach Bewährung des Ich reagiert Seneca stellvertretend für seine Zeitgenossen auf das Klima der Zeit, der Regierungsjahre eines Caligula und Nero, in denen sich Tragödie und Leben eng berührten. In *De ira* empfiehlt Seneca, Kränkungen durch Höhergestellte mit Geduld hinzunehmen, bisweilen sogar mit heiterer Miene, um weitere Verletzungen zu vermeiden. Er erzählt, wie Caligula aus nichtigen Gründen einen jungen Mann ins Gefängnis werfen ließ, und als dessen Vater für ihn bat, befahl er, den Sohn hinzurichten. Den Vater aber lud er am gleichen Tag zum Gastmahl ein, ließ ihn mit Blumen bekränzen, trank ihm immer wieder zu und hieß ihn, fröhlich zu sein. Der Vater unterdrückte jedes Zeichen von Trauer; er überwand sich, die ihm gereichten Krüge zu leeren. *Es war dem Ärmsten, als müsse er seines Sohnes Blut trinken. Warum er das tat? Er hatte noch einen zweiten Sohn.* (II,33)

Seneca fühlt sich an eine Szene aus dem Mythos und der griechischen Tragödie erinnert. Dort tötet Atreus, der Vater des Agamemnon, im Streit mit seinem Bruder Thyestes dessen Kinder und setzt sie dem ahnungslosen Vater als Speise vor. Hier handelt es sich um ein gleichsam gesteigertes «Thyestesmahl», denn der Vater weiß, daß der Tyrann ihn mit dem Tod seines Sohnes peinigt. Wie sehr man an solche Todesszenarien gewöhnt war, zeigt die Tatsache, daß sich die Römer nach Caligulas Ermordung nicht zu freuen wagten: Man glaubte, der Tyrann selbst habe die Nachricht ausgestreut, um die Gesinnung seiner Untertanen zu prüfen.[110] Der Mensch lebte in Senecas Zeit auf einer Bühne, in der Arena; er konnte einem grausamen Schicksal nicht ausweichen, sondern mußte es bestehen, um seine Menschenwürde zu retten. Zur Orientierung stellte er sich *magna exempla* vor Augen: zum einen die Philosophen und ihre Lehren, zum anderen die Gestalten des Mythos und der Geschichte, die einen großen Kampf kämpfen im Angesicht der Fortuna.

So ergibt sich eine Einheit im literarischen Schaffen der Zeit, über die Gattungsgrenzen hinaus. Seneca verfaßt neben den philosophischen Schriften seine Tragödien, die den gleichen Leidens- und Todesfuror aufweisen wie das Bürgerkriegsepos «Pharsalia» seines ebenfalls stoisch geprägten Neffen Lucan, den man den «Gegenvergil» genannt hat.[111] Die Protagonisten dieses Werkes sind Caesar und Pompeius, der wahre Held aber ist Cato, der, in den ungerechten Kampf der Machtbesessenen hineingerissen, dennoch seine virtus wahrt: «Victrix causa diis placuit, sed victa Catoni – die siegreiche Sache gefiel den Göttern, die besiegte aber dem Cato.» (I 128) Der unbeugsame Kämpfer für die Freiheit, gegen Willkür und Gewalt war für die Römer das exemplum des unerschütterlichen Weisen, wie es für die Griechen Herakles war.[112] Während Lucan im Epos Cato verherrlicht, stellt Seneca den mythischen Heros im Drama dar.

In der römischen Tragödie gab es zwei Formen: die auf die griechischen Klassiker zurückgehenden Stücke, die ihre Stoffe aus dem Mythos bezogen, und die fabula praetexta, das «Bühnenstück in der Toga», das heißt mit Themen aus der nationalrömischen Geschichte. Letzteres hatte sein Vorbild in der (uns verlorenen) hellenistischen Tragödie, von der uns Titel wie «Mausolos», ein Stück über den König von Halikarnaß, berühmt durch sein «Mausoleum», oder «Themistokles» überliefert sind. Diese Bühnenwerke sind, ebenso wie diejenigen mit mythischen Stoffen, nicht mit den in Aristoteles' «Poetik» vertretenen, für die Klassik geltenden Kategorien zu beurteilen. Konstituierend ist weder die feste Grundstruktur der Handlung noch die Verwurzelung in Religion

Theatermasken vom Theater in Ostia, kaiserzeitlich

und Kultus oder der Begriff einer tragischen Schuld. Vorgeführt werden große Persönlichkeiten und ihr Schicksal im Mythos oder in der – mythisch überhöhten – Weltgeschichte.

Die Römer lernten die Tragödie in den Griechenstädten Siziliens und Unteritaliens kennen, als sie im 3. Jahrhundert v. Chr. begannen, die Mittelmeerwelt zu erobern. Dort spielte man die zeitgenössische hellenistische Tragödie wie auch die Klassiker. Im Jahre 240 v. Chr. wurde in Rom beschlossen, bei den Feiertagen der ludi latini Tragödien nach griechischem Brauch aufzuführen. Von den römischen Tragödien der Dichter Livius Andronicus, Naevius, Ennius, Pacuvius und Accius (zwischen ca. 280 und 90 v. Chr.) sind uns neben wenigen Versen zahlreiche Titel überliefert, die zeigen, daß sowohl mythische Stoffe (wie die Atridensage) als auch historische Themen behandelt wurden (Romulus, Brutus, Aemilius Paullus, der Sieger von Pydna). Dazu kommt der oft gestaltete Trojastoff, der Mythos und Historie verbindet. Wie aus Vergils «Aeneis» bekannt, sahen sich die Römer ja als Nachfahren der Trojaner. Ebenso wie die frühen Dramen sind auch die beiden berühmten augusteischen Tragödien verloren, der «Thyestes» des L. Varius, aufgeführt 29 v. Chr. bei den Feiern zum Triumph des Augustus, sowie Ovids «Medea».

Von Horaz wissen wir, daß der Römer zwar «tragicum spirat», den großen Atem für die Tragödie hat[113], die Tragödie seiner eigenen Zeit aber zum Ausstattungsspektakel verkommen ist. Massenszenen und eine prunkvolle Ausstattung sind wichtiger als das dichterische Wort. Kein Wunder, muß doch das Drama mit den ludi in Wettbewerb um die Zuschauergunst treten, mit Gladiatorenkämpfen und Tierhetzen. Doch kann dies nicht heißen – wie verschiedentlich angenommen[114] –, daß die Tragödiendichter nur noch Rezitationsdramen verfaßten, denen man in Vortragssälen lauschte. Kaiser Nero favorisierte als Philhellene die dramatischen Künste. Bei seinen Festspielen, den Juvenalia und Neronia, gab es neben Spielen und Wettbewerben aller Art auch Theateraufführungen, bei denen sich vornehme Römerinnen und Römer produzierten, und zwar «spielten sie die Flöte, tanzten und traten als Pantomimen auf, agierten in Tragödien und Komödien und sangen zur Kithara», wie Cassius Dio voller Mißbilligung berichtet.[115] Bei einem dieser Festivals wurde in fünf oder sechs Theatern in der Stadt gleichzeitig gespielt, um alle Geschmäcker zu befriedigen. Manche vornehmen Männer, darunter der Kaiser, besaßen auch Privattheater, auf denen Dramen zur Aufführung gelangten.

Wären die kaiserzeitlichen Tragödien ausschließlich zur Rezitation bestimmt gewesen, dann hätte Quintilian dies in seinem Abriß des römischen Dramas[116] sicherlich angemerkt und wäre nicht von den zweifelsfrei aufgeführten Stücken des Accius und Pacuvius ohne einen Einschnitt zu zeitgenössischen Autoren wie Pomponius Secundus übergegangen. Von letzterem berichtet Tacitus, daß ihn das Volk im Theater mit Mißfallenskundgebungen bedachte. Und Tacitus spricht bei einer Hochverratsklage mit falschen Zeugen und bei einem fingierten Attentat von scaenae fabulae und scaenae, von einem Theaterstück, das man inszeniere – und das, obwohl man dergleichen gar nicht mehr auf der Bühne zu sehen bekam? Was man wohl nicht zu sehen bekam, waren römische Dramen (fabulae praetextae) mit oppositionellem Charakter, wie jener «Cato» des Curiatius Maternus. Dessen Vortrag wird am Anfang von Tacitus' «Dialogus» erwähnt, was aber nicht für die Aufführungspraxis der Tragödie der neronischen Zeit allgemein gewertet werden kann. So kann man sagen, «daß es in der römischen Antike zwar Dramenrezitationen, aber keine ‹Rezitationsdramen› gegeben hat» (Wilfried Stroh[117]). Freilich wurde die Tragödie oft zum Vortrag in effektvolle Einzelnummern zerlegt (wie heute die Oper bei Galaabenden), meist dramatische Monologe auf dem Höhepunkt der Handlung, die gesungen oder im Sprechgesang dargeboten wurden (daher der Ausdruck carmina für Tragödien oder Teile von Tragödien, wie bei Tacitus). Solche in Starbesetzung vorgetragenen «Opernszenen» waren in der Kaiserzeit auch beim großen Publikum beliebt. Der Musenfreund Nero selbst trat gern bei solchen Darbietungen auf. Zu seinen Lieblingsnummern gehörten: Canace, die ein Kind vom eigenen Bruder zur Welt bringt, Orest, der seine Mutter tötet, Ödipus, der sich blendet, Hercules, der in Raserei verfällt. Dies alles bot er in Kostüm und Maske mit

Theater von Segesta, Aufführungsort der «Troerinnen» 1981

Requisiten so realistisch dar, daß einmal ein junger Wachsoldat herbeistürzte, um den Kaiser zu retten.[118]

Solche Szenen voller Pathos und Grausamkeit waren wohl nicht nur nach dem Geschmack des kaiserlichen Akteurs, sondern entsprachen den Tendenzen der Zeit. Schon Ovid hatte das Schreckliche breit ausgemalt[119], und Seneca folgte ihm darin bis in viele Einzelzüge. Sein auf Ausdruck und Wirkung berechneter Stil mit seinen kurzen Kola, den paradoxen und pointierten Formulierungen drängt geradezu hin zur Stichomythie der Tragödie, der scharfen, von Vers zu Vers wechselnden Rede und Gegenrede. In seinem Spiel vom Tode des Claudius, der *Apocolocyntosis*, hatte sich Seneca schon als ein wahrer Jongleur der Vers- und Ausdrucksformen gezeigt. Die Gattung der Tragödie war ihm also nicht so fern, wie man im Blick auf das Ideal des stoischen Weisen meinen könnte, weder was die Bühnenhaftigkeit seiner Gedankenwelt, noch was seinen Stil anging. Und Nietzsche, nicht nur Philosoph, sondern Dichter des «Zarathustra», hat dies auch gemeint, wenn er ihn einen Toreador der Tugend nannte. Zudem stand Seneca das Instrumentarium der stoischen Psychologie zur Verfügung, das er schon in *De ira* mit größter Meisterschaft gehandhabt hatte, um in die Abgründe der Seele hinabzuleuchten, auch hier in der Nachfolge Ovids.

Unter Senecas Namen sind, getrennt vom Corpus der philosophischen Schriften, neun Tragödien überliefert: *Hercules furens*, *Troades* (oder *Troas*), *Phoenissen*, *Medea*, *Phaedra*, *Ödipus*, *Agamemnon*, *Thyestes*,

Hercules Oetaeus, dazu eine fabula praetexta: *Octavia*. Davon sind nach allgemeiner Ansicht der *Hercules Oetaeus* und die *Octavia* nicht von Seneca, sondern von einem unbekannten Zeitgenossen, die *Phoenissen* (über Ödipus und seine verfeindeten Söhne) sind unvollständig. Über die Entstehungszeit läßt sich keine Übereinstimmung gewinnen; die Vermutungen reichen von den Verbannungsjahren bis zur Zeit nach dem Rücktritt.[120] Es läßt sich wohl am ehesten an die erste Hälfte der Regierungszeit Neros denken, als der Kaiser als Mäzen wie als Ausübender die Künste, speziell die Bühnenkunst, förderte[121] und die Atmosphäre noch nicht durch die Flut der Majestätsprozesse vergiftet war. Mit den Erfahrungen von Unsicherheit und Todesnähe, die bei Seneca stark hervortreten, war dieser samt seinen Zeitgenossen schon seit Caligula gleichsam gebrandmarkt.

Da die hellenistische wie die römische Tragödie außer Seneca verloren ist, wird man zur Interpretation notgedrungen immer wieder auf den Vergleich mit den entsprechenden Stücken der griechischen Klassiker verwiesen. Solche Vergleiche zog freilich auch das Publikum zur Zeit Senecas; keinem war der Ausgang des «Ödipus» oder der Konflikt in der «Phaedra» unbekannt; man war gespannt, wie ein römischer Tragödiendichter mit dem wohlbekannten Stoff umging.

Es war ein Wagnis, die Tragödie par excellence, den *Ödipus*, neu auf die Bühne zu bringen. Bei Sophokles ist der Held am Anfang der große König, der stolze und selbstsichere «von allen gerühmte Ödipus», der dann aus seiner Scheinwelt fürchterlich herabstürzt. Er muß sich als Mörder seines Vaters und Gatten seiner Mutter erkennen, als Ursache für die von den Göttern gesandte Pest in Theben. Senecas Drama beginnt im Zwielicht eines düster aufsteigenden Tages, und sein Held ist eine vielfach gebrochene Persönlichkeit voller Selbstzweifel. In seinem Eingangsmonolog bezeichnet er sich als *exul, profugus*, als Verbannter und Flüchtling. Als solcher hat er, vor den Orakelsprüchen fliehend, sein Land, das Reich seiner Eltern (in Wahrheit seiner Pflegeeltern) verlassen und ist nach Theben gekommen. Aber war dieser Ödipus wirklich ein Jahrzehnt lang König in dieser Stadt gewesen, wie es der Mythos will? Er ist unsicher, mißtrauisch gegenüber dem Schicksal wie gegenüber sich selbst, *parum ipse fidens* (24), immer noch ein Fremder, der in diesen düsteren Tag hineinstarrt, in das von der Pest verheerte Theben. Ihm allein versagt sich der Tod – so will er, der *infaustus hospes*, der unselige Fremdling, fliehen vor der Pest, vor dem Schicksal, vor sich selbst.

Diesem Prolog entspricht der Schlußmonolog, wenn Ödipus dann wirklich die Stadt verläßt, nachdem sich sein Schicksal enthüllt hat. In einer gräßlichen Totenbeschwörung wird hierzu noch sein Vater Laios aufgeboten.[122] Wie bei Sophokles wehrt sich Ödipus dagegen, die Wahrheit anzuerkennen, wütet in einer tyrannischen Aufwallung gegen seine Umgebung, um dann sein Schicksal anzunehmen. In einem Botenbericht wird die Blendung des Ödipus berichtet, die dieser in heroischer Einsicht anstatt eines raschen Todes als die ihm gemäße Selbstbestrafung gewählt hat. Nun erscheint Ödipus, mit den leeren, blutigen Augenhöhlen, sarkastisch über das Schicksal triumphierend, da er nicht nur, wie prophezeit, zum Mörder seines Vaters, sondern auch seiner Mutter, zum Schuldigen an ihrem Selbstmord geworden sei. Dann aber wendet er sich zum Gehen – der Kreis schließt sich. Zu Anfang herrschte Dunkel, jetzt ist es dunkel um den blinden Ödipus. Bei Sophokles erscheint er am Ende mit seinen Kindern und seinem Verwandten Kreon, das Schicksal der Stadt wird nicht mehr eigens erwähnt. Bei Seneca ist Ödipus am Schluß der große Einsame, der als *profugus*, als Flüchtling und Verbannter, geht, wie er es zu Anfang schon wollte. Aber er ist nun gefaßt, der König, der die Schuld auf sich nimmt und Entsühnung bringt:

Seht her, ich fliehe, gehe fort: Erhebt das Haupt!
Gelinder wird der Himmel, wenn ich fort bin [...].
Geht, bringt den Aufgegebenen nun Hilfe:
des Landes Todeskeime nehm ich mit mir fort.
Grausames Los, schwarze Seuche, wilder Schmerz,
kommt mit mir, mit mir: diese Führer nehm ich gern!
(1053 ff. Übers. Konrad Heldmann)

Der heutige Zuschauer mag sich an die Schlußszene eines anderen Dramas erinnern, in der es heißt:

«Eure Schuld und eure Reue, eure nächtlichen Ängste, das Verbrechen des Ägist, all das ist mir, ich nehme es auf mich. Fürchtet eure Toten nicht mehr, es sind meine Toten [...]. Ich will ein König ohne Land und ohne Untertanen sein. Lebt wohl, meine Leute, versucht zu leben: alles ist neu hier, alles ist von vorn zu beginnen.»[123]

Mit diesen Worten verläßt der Orest in Jean-Paul Sartres Atridendrama «Die Fliegen» die Einwohner von Argos und nimmt die Erinnyen mit sich.

Die Nähe des *Ödipus* von Seneca zu unserer Zeit bewiesen auch die Aufführungen von Peter Brook 1968 in London und von Günter Krämer 1982 in Stuttgart.

Es geht bei Seneca nicht wie in der attischen Tragödie, bei Aischylos und Sophokles vor allem, um die Beziehung zu den Göttern, um die Frage einer Schuld und damit der Vermeidbarkeit des Schicksals. Entscheidend ist für ihn, ganz im stoischen Sinne, das Bewußtsein, in dem der Mensch sein Schicksal erträgt. Wieweit dieses gottgewirkt oder selbstverschuldet ist, war schon bei Euripides zur offenen Frage geworden. Bei ihm sind die Götter dem Verstehen des Menschen entrückt, das Walten der Schicksalsmächte (Tyche) ist undurchschaubar. Vieles freilich, was man früher für göttliches Eingreifen hielt, ist, so weiß Euripides, das Wirken mächtiger Triebe im Menschen selbst. Der Thymós, die Leidenschaft, wirkt als zerstörerische, dämonische Macht in seinem Innern, wie von Euripides in der «Medea» und dem «Hippolytos» dargestellt; Stoffe, die auch von Seneca im Sinne der stoischen Affektpsychologie gestaltet wurden.

Euripides hat den Hippolytos-Mythos zweimal auf die Bühne gebracht. Dieser ist eine griechische Version des aus dem Alten Testament bekannten Potipharmotivs: Eine Frau will einen jungen Mann aus ihrem Hause verführen (wie die Frau des Potiphar den jungen Joseph in Ägypten) und rächt sich, nachdem dieser sie abgewiesen hat, indem sie ihn der Vergewaltigung bezichtigt. Phaedra, die Gattin des Theseus, des Königs von Athen, liebt ihren Stiefsohn Hippolytos, eine inzestuöse, fluchwürdige Neigung. Er ist der Sohn einer Amazone, der als Jäger in der freien Natur lebt und die keusche Göttin Artemis verehrt. Für die Liebe, die Frauen, den Bereich der Aphrodite, hat er nur Ablehnung. Dies ruft die verschmähte Liebesgöttin auf den Plan, die aus Rache, und um gleichsam die Ordnung und Ausgewogenheit zwischen den göttlichen Mächten wiederherzustellen, Hippolytos vernichten will. Die liebeskranke Phaedra ist ihr nur ein Mittel zum Zweck. Diese entdeckt sich Hippolytos, der aus Abscheu sein Haupt verhüllt (daher hieß dieses Drama «Der verhüllte Hippolytos»). Ebenso ablehnend reagierten die athenischen Zuschauer, deshalb brachte Euripides bald darauf eine Neufassung auf die Bühne (428 v. Chr.), den uns erhaltenen «Hippolytos mit dem Kranz», so genannt nach der Eingangsszene, in der Hippolytos der Göttin Artemis einen Kranz weiht, dem Standbild der Aphrodite aber trotz Warnung die Ehre versagt. In dieser Dramenfassung will Phaedra lieber sterben, als ihre frevelhafte Neigung preiszugeben. Wider ihren Willen entdeckt ihre Amme dem Königssohn das Geheimnis. Entrüstet wendet sich Hippolytos ab, Phaedra aber gibt sich den Tod. Um ihre Ehre und die Stellung ihrer Kinder zu retten, hängt sie sich ein Schreibtäfelchen an den Arm, auf dem sie ihren Stiefsohn bezichtigt, sie vergewaltigt zu haben. Der heimkehrende Theseus findet die Tote und verflucht seinen Sohn. Ein Bote meldet die Erfüllung des Fluchs. Poseidon, der göttliche Vater des Theseus, hat einen Meeresstier geschickt, der das Gespann des Hippolytos in Panik versetzte, so daß es seinen Lenker zu Tode schleifte. Als der Sterbende herbeigebracht wird, erscheint die Göttin Artemis und enthüllt seinem Vater die Unschuld des Sohnes. Sie mahnt Vater und Sohn, einander zu vergeben, denn: «Es irrt der Mensch, wenn es ein Gott verhängt.» (1433f.) In den Armen des Vaters stirbt Hippolytos; die Göttin hat ihn vorher verlassen, da ihr Antlitz nicht durch Totenhauch befleckt werden darf.

Seneca schließt sich in seiner *Phaedra* an Euripides' erste Fassung an (ebenso wie Ovid in seinem Heroidenbrief), aber er verzichtet auf den Götterapparat. Sein Hippolytus tritt mit Jagdgefolge auf und malt in seinem Prolog wortreich den Schauplatz, Attikas Waldgebiete, die er mit

Szene aus «Die Troerinnen» («Troas»).
Aufführung an der Universität München, 1993

seinen Hunden unter dem Schutze der Göttin Diana durchstreifen will. Der lange Monolog mit den hypertrophen Beschreibungen – kein Substantiv ohne schmückendes Beiwort – bietet sozusagen Versatzstücke der Natur: schattiger Wald, tauige Luft, anmutiges Feld, buchtenreiches Meer... Und die Gestalt des naturverbundenen Jägers mochte manchen Zuschauer an Ovids «Liebeskunst» erinnern, wo es heißt, daß den Männern eine Art von «lässiger» Schönheit, neglecta forma, gut steht, so wie Phaedra den Hippolytus liebte, der nicht extra gepflegt war. (I, 509ff.) Auch Phaedra betont zwar ihre Herkunft aus dem kretischen Königshaus mit seinen Liebesverirrungen – ihre Mutter liebte einen Stier und gebar den Minotaurus! –, sie bietet aber dem zeitgenössischen Publikum durchaus Identifizierungsmöglichkeiten. Die Symptome ihrer Liebesleidenschaft gleichen der Unrast und inneren Unruhe auf der Suche nach ständiger Abwechslung, dem *taedium vitae*, das Seneca in *De tranquillitate animi* an seinem Freund Serenus zu therapieren suchte. Aus Überdruß und Langeweile erstrebt Phaedra eine andere Lebensform; das «einfache Leben» hat es ihr angetan, sie will in die Wälder, auf schneebedeckte Höhen, will mit Hunden jagen und Pferde lenken. An die Person des Stiefsohns heftet sich ihr *taedium vitae*, weil dieser anders lebt, leben darf, weil er, der Stolze und Spröde, die verwöhnte Dame reizt.

Dieser Überdruß an der traditionellen Rolle war gerade bei Frauen kein Einzelfall. Tacitus berichtet mit Entrüstung, daß freigeborene Frauen im Theater, ja in der Arena auftraten. Juvenal eröffnet seine Satiren höchst indigniert mit dem Bilde einer Mevia, die mit entblößter Brust in einsamen Waldgebirgen auf Eberjagd geht – wie die Amazone, Hippolytos' Mutter, es tat, die von Phaedra dafür beneidet wird. Die Amme, die als unentbehrliche Figur des Theaters den engen Spielraum weiblicher Personen erweitert, weiß Bescheid über ihre Herrin: *Wer sich durch glückliche Verhältnisse allzusehr erhebt und im Überfluß schwimmt, hat stets Lust auf das Ungewohnte.* (204 f.) Sie rät ihrer Herrin, aus pragmatischen wie aus moralischen Gründen, die Liebesflammen zu löschen. *Ich weiß, du sagst das Richtige,* antwortet Phaedra. *Sed furor cogit sequi peiora [...] Quia ratio possit? Vicit ac regnat furor – Die Leidenschaft zwingt, dem Schlechteren zu folgen. Was vermag die Vernunft? Die Leidenschaft hat triumphiert und herrscht.* (178 ff.) *Sciens*, wissend, kehrt sich ihr *animus* vom Vernünftigen ab und dem Abgrund zu.

So hatte schon Euripides seine Medea sagen lassen: «Stärker als meine vernünftigen Überlegungen ist die Leidenschaft (Thymós), die stets den Sterblichen das größte Unheil bringt.»[124] Und seine Phaedra gesteht gleichermaßen, an der Einsicht fehle es nicht, keineswegs sei der Unverstand die Wurzel allen Übels: «Wir sehen und wissen, was recht ist, und tun es dennoch nicht, sei es aus Lässigkeit oder weil man die Lust des Augenblicks vorzieht.» Euripides lebte in einem «aufgeklärten», einem vernunftgläubigen Zeitalter. «Ursache des Bösen ist die Unkenntnis des Besseren», sagte der Philosoph Demokrit.[125] «Das Gute wissen ist das Gute tun», ist die Quintessenz des sokratischen Fragens und Lehrens. Doch war dies nicht eine Wunschvorstellung, die das Wesen des Menschen in zwar ehrenhafter, aber doch unzulässiger Weise einengte und beschnitt? Euripides, der kritische Neuerer, beschließt sein Schaffen mit einer Tragödie des entfesselten Irrationalismus, den «Bakchen»: Im dionysischen Rausch zerreißen die Frauen von Theben den König Pentheus, allen voran seine eigene Mutter. *Quid ratio possit? – Was vermag die Vernunft?* läßt Seneca seine Phaedra sagen, er, der Philosoph, dessen Schule die göttliche Weltvernunft zur Richtschnur hatte. Doch schon in *De ira*, dem «Versuch über die Leidenschaften», weist Seneca, wie später in den Episteln, darauf hin, wie sich die ungezügelten Affekte nur zu bald zu chronischen Fehlhaltungen, zu einem *morbus animi* verhärten.[126] Dann vermag auch die verstandesmäßige Einsicht nichts mehr.

Phaedra hat dem furor, der Leidenschaft, nicht beizeiten Einhalt geboten. Konnte sie überhaupt den stoischen Aufruf: *Pugna tecum – Kämpfe gegen dich selbst!* befolgen, da sie schon vor dem Ausbruch ihrer Liebesleidenschaft unzufrieden und unglücklich war, sich nach Veränderung sehnte? Sie ist *semper impatiens sui*, hat mit sich selbst keine Geduld, kann sich nicht ertragen. *Sui displiciens*, mit sich selbst unzufrieden zu sein, sich selbst nicht annehmen zu können, hatte Seneca in *De tranquil-*

litate animi als ein Grundübel des Menschen seiner Zeit bezeichnet.[127] Zudem ist Phaedra noch belastet durch die unglückliche Veranlagung der Frauen ihres Hauses: Der mythische Begriff des Geschlechterfluchs ist hier endgültig zur Metapher für eine innere Disposition geworden.

Doch will Phaedra retten, was ihr noch zu eigen ist: die *fama*, den guten Ruf als Königin und Mutter der Thronfolger. Daher beschließt sie, zu sterben und so weiterem Abgleiten auf der Bahn des Frevels vorzubeugen. Da greift die Amme ein. Auch dieser Todeswunsch, so erklärt diese, ist *furor*, blinde Raserei, soviel ist der gute Ruf nicht wert. Vorher hatte sie mit stoischen Argumenten auf ihr Ziehkind eingeredet; nun, da sich Phaedra zum Entschluß des Freitods erhebt, pflichtet sie ihr nicht etwa bei, sondern versucht sich als Kupplerin. Was soll der Zuschauer und Zuhörer dabei denken, wenn Seneca sogar die eigenen Grundsätze ins Zwielicht rückt? *Quid ratio possit? Was vermag die Vernunft?* Die Amme sucht Hippolytus auf und will ihn zunächst ein wenig zugänglicher machen. Gehört nicht, so sagt sie, auch Venus zum Bereich der von ihm so geliebten Natur? Warum folgt er nicht der Natur als Führerin – die stoische Regel im Munde einer Kupplerin! Warum lebt er, der blühende Jüngling, so düster und einsam?

Hippolytus antwortet mit einem Hymnus auf sein «einfaches Leben». Hier in den Wäldern herrscht noch das schuldlose Goldene Zeitalter, fern von Habgier und Verbrechen der Städte; man rastet am murmelnden Quell, ernährt sich von dem, was die Natur von selbst spendet, und genießt den ruhigen Schlaf des Gerechten. Dem Publikum konnte nicht entgehen, daß hier kein Topos ausgelassen war, mit dem Vergil, Horaz und die anderen augusteischen Dichter das glückliche Leben auf dem Lande, die Unschuld des saturnischen Zeitalters gepriesen hatten. Allzuviel Rhetorik, mußten sie sich sagen, genau wie in dem nostalgisch klingenden Eingangsmonolog – dies konnte nicht «echt» gemeint sein. Und so hörten sie nun auch, daß der naturverbundene Jüngling ebenso wie die Königin von *furor* erfüllt ist[128]. Er verabscheut das Leben in den Städten, wo es offenbar nur schlechte, verachtenswerte Mitmenschen gibt, von denen man sich fernhalten muß. Vor allem aber haßt er die Frauen, die Frau schlechthin, sie ist die Verführerin zum Bösen, zu allen Übeln, die Schlange im Paradies. Hippolytus erinnert an Medea, die «böse Stiefmutter» seines Vaters Theseus, die diesen zu töten versuchte. Aber, so fährt er fort: *Ich hasse einfach alle Frauen, fliehe und verfluche sie. Sei's Überlegung, Natur, unbeugsamer furor – odisse placuit –, am Hassen habe ich Gefallen gefunden.* (565 ff.)

Seneca gibt dem schwärmerischen keuschen Jüngling misanthropische Züge und stellt ihn in die Nähe seiner zivilisationsmüden Zeitgenossen, die aus ihren Luxusvillen in die rauhen Waldgegenden des Appennin fliehen.[129] Dieser Hippolytus hat kein naives, sondern ein sentimentalisches Naturgefühl; er ist ein unzufriedener Großstadtmensch, wie

Die liebeskranke Phaedra im Kreise ihrer Dienerinnen. Sarkophag, um 200. Agrigent, S. Nicola

Phaedra. So paßt er zu ihr, und um so gespannter konnten die Zuhörer und Zuschauer auf das «Duell» der beiden sein. Sie hat Scham und Scheu über Bord geworfen, vielleicht hat sie ja Glück mit ihrer Werbung: *Bestimmte Verbrechen macht der Erfolg ehrbar* (598), sagt sie, was man als Anspielung auf höfische Vorgänge verstehen konnte. Dann zögert sie doch wieder und ruft die Götter an:

> *Vos testor omnis, caelites, hoc quod volo me nolle –*
> *Euch alle rufe ich zu Zeugen an, ihr Himmlischen, daß ich das, was ich will, nicht will.* (605)

Hippolytus ist bereit, ihre Sorgen – die der Mutter! – anzuhören, ist doch Theseus, der Vater und König, verschollen, nachdem er mit Hercules in die Unterwelt gezogen ist. (Hieraus gewinnt Jean Racine eine politische Zuspitzung für die neu eingeführte Aricia-Handlung seiner «Phèdre».) *Erbarme dich der Verwitweten!* (623), fleht Phaedra, und ihr Stiefsohn verspricht großmütig, sich ihrer Kinder anzunehmen und Vaterstelle an ihnen zu vertreten. Dann aber wird Phaedra deutlich: *Erbarme dich der Liebenden!* (671) Hippolytus ist entrüstet: Dahin hat mich mein strenger Lebenswandel gebracht – ich habe das Gefallen meiner Stiefmutter erregt! Sie ist noch schlimmer als ihre Mutter! Ja, sagt Phaedra. *Sed mei non sum potens – Aber ich bin meiner selbst nicht mächtig. Abermals, du Stolzer, werfe ich mich vor dir nieder und umfasse deine Knie.* (699ff.) Hippolytus weicht vor ihr zurück, dann packt er sie an den Haaren und will sie mit dem Schwert töten. Emphatisch willigt sie ein: Das wäre die Heilung von ihrer Raserei, wenn sie von seinen Händen stürbe.[130] *Nein, weiche von mir, lebe, damit du auch dies nicht erreichst, und dies befleckte Schwert verlasse meine keusche Seite. Welcher Fluß, welches Meer wird mich reinwaschen?* (713ff.) Hippolytus stürzt davon, aus einer Szene des Liebes- und Todesorgasmus. Zum verbalen gehört der körperlich ausagierte tragische Pas de deux, der sichtbar gemachte Moment, in dem auch Hippolytus vom *furor* der Frau ergriffen wird: der tiefste Grund für seine entsetzensvolle Abwehr.

Die Amme tritt auf: Die Schuld, das inzestuöse Begehren, ist entdeckt, Hippolytus wird nicht schweigen. Es muß augenblicklich gehandelt, das Verbrechen durch ein Verbrechen verschleiert werden. Sofort schreit die Amme um Hilfe, ruft die Dienerschaft herbei, Phaedra soll sitzen bleiben, mit zerrauftem Haar und dem Pfand des Verbrechens, dem zurückgelassenen Schwert, wie die Frau des Potiphar, nachdem sie Joseph vergeblich zu verführen suchte, ihm sein Obergewand entreißt und mit diesem auf der Schwelle sitzen bleibt, bis ihr Gemahl eintrifft.

Theseus erscheint, aus der Unterwelt zurückgekehrt, um den Tod im eigenen Hause vorzufinden. Seine Gattin will sterben, verkündet ihm die Amme. Warum? Phaedra will den Grund nicht nennen. Theseus schreitet zur Folterung der Sklavin, wie in Rom üblich. Nun redet Phaedra, sie ruft die Himmlischen an und schwört – aber mit verhülltem Haupt! –, daß ihr Gewalt angetan wurde. – Von wem? – Das Schwert mit dem königlichen Zierat weist es. Theseus verfällt in Zorn, der *furor* verdrängt jedes Nachdenken, blindlings schleudert er seinen todbringenden Fluch gegen den Sohn, der sich auf dem Weg in die freiwillige Verbannung befindet.

Das Unheil nimmt seinen Lauf, der Bote meldet den gräßlichen Tod des Königssohnes, dessen zerfetzte Leichenteile herbeigebracht werden. Es gibt keinen Abschied Vater–Sohn, dafür tritt Phaedra auf und gesteht die Wahrheit. Nach ihrem Willen soll ganz Athen hören, wie sie Hippolytus rehabilitiert, und soll sehen, wie sie zur Sühne stirbt. Den Tod ruft sie herbei: Er ist das einzige Heilmittel für eine verbotene Liebe, für die verletzte Scham. *Laß mich in deinem friedlichen Schoß geborgen sein!* (1190) Der Tod ist ein Geschenk, die letzte Zuflucht aller Unglücklichen. Theseus aber muß weiterleben mit seinen Reuequalen. Der Chor hilft ihm bei der makabren Aufgabe, die Leichenteile für die Bestattung zurechtzulegen. Er benennt sie im einzelnen, jeweils die frühere Schönheit des Jünglings preisend, so daß man nicht auf eine genaue szenische Realisation angewiesen war.

Es wird auch aus einem kurzen Abriß deutlich, daß Seneca auf große Wirkungen verzichtet hätte, wäre dieses Drama nur zum Vorlesen bestimmt gewesen. Die sexualpathologischen und gesellschaftskritischen Züge herauszuarbeiten, konnte nur Sache des Theaters sein; soll man sich die Kostümierung der Luxusdame fürs einfache Leben, die «Freudsche Ohnmacht» der Phaedra, die dazu führt, daß der geliebte Stiefsohn sie aufhebt und im Arm hält, und den erotischen «Kniefall» nur im Hörsaal vorstellen? Und das in einer Zeit, in der man – Mann und Frau – geradezu besessen vom Theaterspielen war, wie uns Tacitus, Sueton und Cassius Dio bezeugen? Deren altrömische Entrüstung führt freilich dazu, diesen Zug der Zeit nicht ernst zu nehmen und nur sich prostituierende vornehme Römer oder gezwungene Opfer von Neros Schaulust hinter den Akteuren zu sehen. Viel eher waren jedoch Römerinnen und Römer selbst begierig, ihre Rollen zu wechseln, wie der bindungslose Königssohn Hippolytus in die Wälder zu ziehen und wie seine Stiefmutter Phaedra aus dem goldenen Käfig der hochgebildeten, aber beschäftigungslosen römischen Matrone auszubrechen.

Das immer differenzierter werdende Bewußtsein des Individuums verlangte nach neuen Rollen, zumal man durch den Princeps von Aufgaben in der Gesellschaft ferngehalten und ins Abseits einer Scheinexistenz gedrängt war. So wurden die von Nero inszenierten ludi aller Art als Surrogat für politische und gesellschaftliche Interaktion von vielen bereitwillig angenommen.[131] Auch Tacitus, der Verächter der Spiele, kann seine Geschichte des Prinzipats nur darstellen als Schauspiel mit einem Hauptakteur, dem Kaiser als dem einzigen Handlungsfähigen, und einer Fülle wechselnder Nebendarsteller. Viele von diesen gewinnen erst Leben und Kontur, wenn sie das Schicksal zum Schlußakt auf die Bühne ruft und sie sich im Tode bewähren – wie Senecas Phaedra. Indem dieser die erste Fassung des Euripides-Dramas zur Vorlage nahm, hat er nicht nur die wirksame Szene der Konfrontation von Held und Heldin für sich gewonnen. Seine Protagonistin wird auf die Probe gestellt, wie er es in *De providentia* geschildert hatte. Ihr Kampf geht nicht siegreich aus, sie unterliegt dem furor, aber in ihrem Schlußgeständnis ist sie zum *magnum exemplum* der Fortuna geworden.

Verschmähte Liebe, die zu Haß und Rache wird, ist auch das Thema von Senecas Tragödie *Medea*. Die Heldin war aus der griechischen Literatur bekannt durch die Argonautensage, das hellenistische Argonautenepos des Apollonios Rhodios und das Medea-Drama von Euripides.

Columbus-Denkmal in Madrid, Plaza Colon, mit Versen aus Senecas «Medea» (374 ff.). Entwurf von Joaquin Vaquero Turcios, 1976

Der Königssohn Jason wird von seinem Onkel Pelias, der Jasons Vater getötet und sich den Thron von Jolkos angeeignet hat, auf ein Himmelfahrtskommando geschickt. Er soll in Kolchis, am Schwarzen Meer, das Goldene Vlies holen, das wunderbare Fell eines Widders, das dort von einem Drachen bewacht wird. Nur mit Hilfe der Königstochter Medea, die als Enkelin des Sonnengottes über Zauberkräfte verfügt und sich in ihn verliebt, gelingt es Jason, das Vlies zu erbeuten. Medea flieht mit Jason und seinen Freunden auf deren Schiff, der Argo[132], und tötet ihren Bruder Absyrtus, der die Flüchtenden verfolgt. Als Pelias den Thron nicht an den heimgekehrten Jason übergeben will, bringt ihn Medea durch List zu Tode. Darauf müssen beide nach Korinth fliehen. Doch Jason wird schließlich seiner Ehe mit der Barbarin Medea, von der er zwei Kinder hat, überdrüssig. Er will Medea verstoßen und sich mit Krëusa, der Tochter König Kreons von Korinth, vermählen. Medea rächt sich grausam: Sie übergibt die Königstochter und ihren Vater durch ein mit Gift (Phosphor?) bestrichenes Brautkleid dem Flammentod, tötet ihre eigenen Kinder und entflieht auf einem von Drachen gezogenen Wagen durch die Lüfte.

Die beliebte Sage war zuletzt von Ovid in den «Heroidenbriefen» und den «Metamorphosen»[133] und in seinem verlorenen Medea-Drama behandelt worden. Durch Euripides war Medea zu einer festen Größe geworden, als eine durch ihre Zauberkräfte übermenschliche Gestalt, in der vernunftvolle Planung, Intrige und leidenschaftlichstes Pathos eine Einheit bildeten. Medea muß sich rächen, muß ihren Weg der Intrige und des Verbrechens weitergehen, sie ist ein festgeprägter Charakter: *Medea fiam – Medea nunc sum – Medea muß ich werden – Medea bin ich jetzt.* (171; 910) Mit diesen Wendungen vor und nach ihrer Rache kennzeichnet sich Senecas Medea selbst. Sie ist geprägt von unseliger Liebe, Zorn und Leidenschaft, die sich zu wahnsinniger Raserei steigert. In schwer gekränktem Selbstgefühl hat sie sich dem Zorn ergeben: Sie ruft die personifizierte Ira an, eine Furie. Da sie sich ganz dem Affekt überlassen hat, müssen die Mahnungen der Amme zum vernünftigen Verhalten an ihr abprallen. Im Gespräch Herrin–Amme, wie es uns schon aus *Phaedra* bekannt ist, werden wieder stoische Grundsätze ins Zwielicht gestellt: hier im Spiel mit dem Begriff *virtus*, den Medea im Sinne von «beherztem Losschlagen», zur Rache, zum Kindermord, für sich in Anspruch nimmt. (160ff.) Aber Senecas Medea ist nicht nur die Furie; sie liebt ihren Mann noch, versucht ihn zurückzugewinnen, und dieser ist kein durch und durch verächtlicher Charakter. Wie in *Ödipus* hat Seneca das Motiv des *exul* aufgegriffen – sensibilisiert durch eigenes Erleben.

Neu ist bei ihm gegenüber Euripides das Acastus-Motiv: Der Sohn des Königs Pelias, Acastus, hat nun den Thron von Jolkos inne und verfolgt Jason, um den Tod seines Vaters Pelias zu rächen. Der König von Korinth bietet Jason Schutz und die Hand seiner Tochter, Medea aber soll in die Verbannung gehen. Als Medea Jason zu abermaliger gemeinsamer Flucht bereden will, sagt dieser: *Cedo defessus malis – ich gebe nach, kann nicht mehr, bin erschöpft durch all das Unglück.* (518) Sie soll allein ins Exil gehen, kein neues Verbrechen auf sich und ihn laden. «Ich bin nicht, der ich war, die Kraft ist mir gebrochen / Und in der Brust erstorben mir der Mut.» So läßt Franz Grillparzer in seiner Trilogie «Das goldene Vließ» seinen Jason zu Medea sagen.[134] Grillparzer hat das Motiv des *exul* übernommen und Jason als den ständig Flüchtenden, vom Bann Bedrohten dargestellt, der keine junge Braut, sondern endlich Ruhe und Sicherheit sucht. Menschlich wird Senecas Jason auch dadurch, daß er nicht, wie bei Euripides, die Kinder loswerden will, sondern sie liebt und unbedingt bei sich behalten möchte. Um so härter kann ihn Medea treffen. Solche Züge dienen zur inneren Verzahnung des Stückes. Hierzu trägt auch das Stimmungsvolle, Atmosphärische bei, wie die Hochzeitsgesänge für die junge Braut und Jason, die Medea mitanhören muß, und die bühnenwirksame große Zauberszene der Medea, die vom Abgang Jasons und dem Auftreten der Kinder eingerahmt wird. Die grausige Tat des Kindermordes wird gegenüber Euripides noch gesteigert, indem Medea zuerst nur ein Kind tötet, so daß Jason noch um das Leben des anderen flehen kann und dessen Tod mitansehen muß.[135]

Seneca versucht jedoch, seine Medea, soweit dies bei ihrem vorgegebenen Charakterbild möglich ist, nicht nur zu einem Beispiel für den zerstörerischen Affekt ira, sondern auch zu einem magnum exemplum zu machen. Er läßt sie mit der Tat, in der sie auch sich selber trifft, zugleich Sühne leisten für den getöteten Bruder Absyrtus, dessen Geist, von Furien umringt, ihr nun erscheint.[136] *Frater est, poenas petit, dabimus, sed omnes – Der Bruder ist's, er fordert Sühne, ich werde sie zahlen, aber ganz.* (964f.) Mit diesem Opfer versöhnt sie den Geist des Toten. In einer Vision – oder ist es umnachtender Wahnsinn? – erscheint ihr die Welt wieder heil, das goldene Vlies zu den Kolchern zurückgekehrt, die göttlichen Mächte scheinen besänftigt. Ihr selbst ist die geraubte Jungfräulichkeit wiedergegeben, ein hochzeitlicher Tag steht ihr bevor, nicht unter Verbrechen auf der Flucht, sondern mit Bruder und Vater und der Gunst der Götter. Grillparzer hat, mit sicherem Gespür für die neuen Züge bei Seneca, auch dies aufgenommen. Seine Medea will am Schluß das ‹goldene Vließ› nach Delphi zurückbringen, an seinen ursprünglichen Platz.

Auch in *Agamemnon* und *Thyestes* bietet Seneca starke Emotionen und grausige Szenen, vor allem das realistisch ausgespielte Thyestesmahl, wenn Thyestes von seinem Bruder Atreus erfahren muß, daß er seine eigenen Kinder verspeist hat. Das moderne Theater der Grausamkeit weiß dieses «Blutbankett» spektakulär und anstößig, das heißt Anstöße gebend, darzubieten.[137] Auch im Thyestes-Drama werden wieder stoische Weisheiten als Scheineinsichten präsentiert und die Zuschauer dadurch irritiert. Wenn sich der Mensch dem furor völlig ergeben hat wie Atreus, empfindet er Freude und Wollust an seinem zerstörerischen Tun – er ist «die Bestie Mensch»[138], vor der die ratio kapitulieren muß. In *Hercules furens* und den *Troerinnen* bietet Seneca trotz aller Schrecken auch Lichtblicke, magna exempla. Sein Hercules hat in gottgesandtem (aber in der eigenen Hybris bereits angelegten) Wahnsinn Frau und Kinder gemordet. Er überwindet seinen furor, der ihn zur Selbstzerstörung treibt: Seinem alten Vater zuliebe will er am Leben bleiben – dies ist die schwerste aller Herculesarbeiten. In den *Troerinnen*, dem erschütternden Trauerspiel über den Tod und die Schrecken des Krieges, das seine Bühnenwirksamkeit in einer Münchner Aufführung 1993 in der Regie von Wilfried Stroh unter Beweis stellte[139], sterben zwei junge Menschen als letzte Opfer im eroberten Troja: die Königstochter Polyxena wird Achilleus auf dessen Grabhügel als Todesbraut geopfert, Astyanax, der kleine Sohn Hektors und Andromaches, wird vom Turm gestürzt, damit Troja kein Rächer erstehen kann. Beide gewinnen *mente generosa*, in edler Gesinnung, im Tode die Freiheit.

Senecas Tragödien sind in stoischem Geiste geschrieben, und doch erscheint es als Einengung, die «Schaubühne als moralische Anstalt»

Szene aus «Die Troerinnen»: Andromache, Helena und Hecuba (v.l.). Aufführung an der Universität München, 1993

(Schiller) zu sehen. Das Drama hat seine eigene Gesetzlichkeit, es läßt sich nicht auf Maximen reduzieren, dafür erlaubt es Fragestellungen, die über ein geschlossenes philosophisches System hinausweisen. Für Seneca bewährt sich der Mensch nicht nur als magnum exemplum, er erweist sich auch als Mängelwesen. In *De ira* wird die Fehlbarkeit der Menschennatur hervorgehoben, die Verdunkelung des Geistes und der Sinne, *caligo mentium*[140], die dazu führt, daß der Mensch nicht nur irrt, sondern sogar das Irregehen liebt. Angesichts dieser menschlichen Unzulänglichkeit, dem Hang zu destruktiven Verhaltensweisen, unter denen wieder andere leiden müssen, geht Seneca in den Tragödien der Frage nach, wieweit der Mensch überhaupt fähig ist, dem stoischen Aufruf zur Willensbildung zu folgen. Wir alle sind *praeoccupati*, vorbelastet, und tragen die Keime des Bösen in uns, und daher gilt es, *die Bedingtheit der Menschennatur [condicio rerum humanarum] zu berücksichtigen, damit wir gerechte Richter allen Geschehens sind. Ungerecht ist, wer ein allgemeines Fehlverhalten einzelnen zum Vorwurf macht.*[141] Nur mit einer solchen Einstellung konnte Seneca inmitten seiner Zeitgenossen leben, vor allem mit seinem kaiserlichen Schüler, der den guten Lehren immer weniger entsprach, und dessen machtgieriger Mutter, der einstigen Erbin augusteischer Herrschertradition.

Hoftragödien

Der Machtkampf zwischen Nero und Agrippina forderte Opfer, schon bevor er in sein entscheidendes Stadium trat. Als Nero die «Zweitregierung» seiner Mutter unterband, reagierte sie auf diesen Machtverlust mit der Drohung, sie werde die Ansprüche des Britannicus auf den Thron stützen. Darauf starb der Kaisersohn beim Bankett, offensichtlich vergiftet, laut offizieller Version an einem epileptischen Anfall (55 n. Chr.). Seneca zog es vor, sich ebenso wie die Öffentlichkeit an diese Version zu halten. Andernfalls hätte er einen Bruch vollziehen müssen und sich damit seines Einflusses beraubt. Hätte er dies tun sollen? Nero versöhnte sich wieder mit seiner Mutter, und sie versuchte, ihn erneut an sich zu fesseln und von seiner neuen Liebe, der Freigelassenen Acte, abzuziehen. Angeblich schreckte sie sogar vor einem Inzestversuch nicht zurück. Es gab auch die Ansicht, Nero sei die treibende Kraft hierbei gewesen.[142] Als es bei einem Bankett in Weinlaune zum Äußersten zu kommen drohte, schickte Seneca Acte herein, die ihn nachdrücklich darauf hinweisen sollte, daß die Soldaten keinen blutschänderischen Kaiser dulden würden. Es gelang, und Nero hielt seine Mutter fortan auf Distanz. Auch von solcher Art waren die Aufgaben des Ministers Seneca, und sein Freund Serenus, der ihn um seiner Seelenruhe willen konsultierte, hatte sich wegen Agrippinas Widerstand als Actes Liebhaber ausgeben müssen.

Agrippinas Stern schien im Sinken begriffen, und aus der Schar ihrer zahlreichen Feinde wurde eine Anklage wegen Hochverrats lanciert. Sie versuche mit Hilfe eines Verwandten, den Kaiser zu stürzen und den Thron zu usurpieren. Nero geriet in Angst, verdächtigte Burrus und wollte ihn seines Amtes entheben. Seneca gelang es, ihn davon abzubringen; Burrus wiederum beschwichtigte Nero wegen der Attentatspläne seiner Mutter. Er versprach, Agrippina zur Rede zu stellen. Das Gespräch im Beisein Senecas endete damit, daß Agrippina im Gefühl ihrer Unschuld eine Unterredung mit ihrem Sohn erhielt, in der sie sich rechtfertigte. Man sieht, daß die beiden Ratgeber und Lenker Neros taten, was sie konnten. Vorwürfen, wie sie Cassius Dio äußert[143], beide hätten mit ihrer fatalen Politik des Gewährenlassens den jungen Kaiser nur noch tiefer in seine Exzesse getrieben, scheint Seneca in *De beneficiis* zu entgegnen. Er sagt dort, er würde einem Herrscher, dem er verpflichtet sei, zwar Luxusdinge aller Art, wie Bühnenkünstler und Kurtisanen, gewähren, und was sonst zur Milderung seines wilden Wesens beitragen könnte, aber keine Kriegsschiffe, Militär und Waffen.[144] Nero war unumschränkter Herr – mehr als gute Ratschläge konnte man ihm nicht geben, und wenn sich an ihm die *caligo mentium*, die Verdunkelung des Geistes zeigte, so war dies zu bedauern, aber nicht zu ändern.

Es war nur folgerichtig, daß Nero mit zunehmendem Alter seiner drei Aufpasser und Moralprediger, Agrippina, Seneca und Burrus, immer überdrüssiger wurde, zumal ihn die Schar seiner Hofschranzen aufstachelte, er sei doch alt genug, um selbst zu entscheiden. Seine neue Geliebte Poppaea Sabina, ebenso schön wie ehrgeizig, wurde zur treibenden Kraft. Sie war sich bewußt, daß die Kaisermutter einer Scheidung nicht zustimmen würde: Diese stützte sich nunmehr auf Neros Gattin Octavia, ungeliebt, aber eine Kaisertochter. Poppaea verspottete Nero, nannte ihn ein unmündiges Kind, das den Weisungen anderer gehorche und keinen eigenen Willen, geschweige denn einen Herrscherthron besitze. Sie wolle zu ihrem Gemahl Otho zurückkehren! Solchen Reden wehrte niemand, sagt Tacitus (und meint vor allem Burrus und Seneca), denn jeder wollte die Macht der Kaisermutter gebrochen sehen, und niemand konnte glauben, daß es bis zum Muttermord kommen würde.[145]

Doch Nero konnte Agrippina nicht länger ertragen. Es kam die Nacht von Baiae, verhängnisvoll nicht nur für Agrippina. Nero hatte seine Mutter unter dem Schein einer Versöhnung im März 59 zu den Feiertagen eingeladen, die er im Palast des mondänen Badeortes am Golf von Neapel verbrachte. Er gab ihr nach dem abendlichen Gastmahl liebevoll das Geleit zu einem Schiff, das sie heimbringen sollte. Dieses war so präpariert worden, daß es während der Fahrt auseinanderbrach. Doch es gelang Agrippina, sich zu retten. Aus ihrer Villa sandte sie, der alles klar geworden war, einen Boten an ihren Sohn, sie sei einem Schiffsunglück entgangen. Nero geriet in Panik. Sie würde die Prätorianer aufbieten, das Volk aufhetzen, einen bewaffneten Handstreich wagen! Er suchte Hilfe bei Burrus und Seneca, ließ sie wecken und klärte sie auf, «wobei es ungewiß ist, ob sie vorher schon Bescheid wußten»[146]. Beide blieben lange stumm – konnte man noch abraten, oder hieß es bereits: Nero oder Agrippina? Schließlich fragte Seneca mit einem Blick auf Burrus, ob man einem Soldaten den Mord befehlen könne. Nein, erklärte Burrus, die Prätorianer haben ihren Eid auf das gesamte Kaiserhaus geleistet, und sie werden der Tochter des immer noch beliebten Germanicus nichts antun. Anicetus, der Flottenkommandant und Verfertiger des Unglücksschiffes, solle die Sache zu Ende bringen. Und dieser tat es. Mit einem Mordkommando begab er sich in Agrippinas Villa. Agrippina hielt dem Mörder ihren Schoß entgegen und rief: «Stoß zu!» Vor Jahren war ihr prophezeit worden, ihr Sohn würde Kaiser werden und seine Mutter

Baia am Golf von Neapel. Im Vordergrund Ausgrabungen

töten. «Mag er mich töten, wenn er nur Kaiser wird», hatte sie entgegnet.[147]

So starb die Frau, «die als Tochter eines Imperators, als Schwester, Gattin und Mutter eines Kaisers bis zum heutigen Tag einzig dasteht»[148]. Zehn Jahre zuvor war Seneca von ihr aus der Verbannung zurückgerufen worden; er war bereitwillig in ihren Dienst getreten und hatte sie und ihren Sohn zu den einzig wahren Repräsentanten der Augustustradition stilisiert, aber sie hatte in ihrer unersättlichen Machtgier seine Ideale verraten. Als er sich im Konflikt zwischen Mutter und Sohn auf Neros

Münzbild der Agrippina, durch einen gezielten Meißelschlag gespalten. Rückseite einer römischen Goldprägung von 50–54, Köln, Römisch-Germanisches Museum

Seite stellte, hatte sie ihn und Burrus, die beiden von ihr einst Geförderten, übel beschimpft: Ins Prätorianerlager wolle sie gehen – Neros spätere Ängste waren nicht unbegründet –, und dort sollten sich die Soldaten entscheiden zwischen ihr, der Tochter des Germanicus, und den beiden, die da die Weltregierung für sich in Anspruch nähmen, dem verkrüppelten Burrus mit seinem Armstumpf und dem landverwiesenen Seneca mit seinen schulmeisterlichen Reden![149]

Agrippina war tot, und Seneca hatte ihren Tod nicht nur wie den des Britannicus «billigend in Kauf genommen», er war in jener Nacht in Baiae mitschuldig geworden. Wobei sich freilich wieder die Frage erhebt, was er hätte tun oder nicht tun sollen. Das «glückliche Jahrfünft» war jedenfalls zu Ende.

Burrus zog die Konsequenzen aus der Lage: Nero hatte vorgegeben, die Mutter habe ihn durch einen Boten ermorden wollen, und so schickte Burrus Offiziere zu Nero, die ihn beglückwünschen sollten, daß er dem geplanten Mordanschlag entronnen sei. In diesem Sinne lautete auch das Schreiben an den Senat, mit dem Nero sich rechtfertigte, indem er Anschuldigungen aller Art auf Agrippinas Haupt häufte. Dadurch geriet nicht nur Nero, wie Tacitus sagt, sondern auch Seneca in Verruf, weil er mit einem solchen Schreiben ein Geständnis (der Mittäter- oder wenigstens der Mitwisserschaft) abgelegt habe. Seneca war also noch immer als Ghostwriter für Nero tätig, und selbst seine Beredsamkeit hatte den kläglichen Attentatsplan nicht glaubwürdiger machen können.[150]

Dennoch wurde Nero in Rom nicht nur ohne Vorwürfe, sondern sogar wie ein Triumphator empfangen. Er widmete sich nun ungehemmt sei-

Nero bei der Leiche seiner Mutter Agrippina. Gemälde von Antonio Zanchi, Ende des 17. Jahrhunderts. Kassel, Staatliche Gemäldesammlungen

nen Liebhabereien, wie dem Wagenrennen, dem Gesang und der Dichtkunst. (Lucan gehörte zu seinem Kreis.) Nero brauchte seine beiden väterlichen Freunde noch. Bei seinen Festivals (die vielleicht nicht alle so verabscheuenswert und sittenlos waren, wie die Geschichtsschreiber behaupten) hatten sie präsent zu sein: Seneca agierte als Souffleur, sein Bruder Gallio als Herold, Burrus hatte an der Spitze einer Kohorte Beifall zu klatschen. Ob Seneca, der große Psychologe, merkte, warum Nero so dringend die Anerkennung als Künstler suchte, auf einem Gebiet, das er sich selbst ausgesucht hatte, wo ihn niemand in «gewünschte Bahnen» lenkte? Vielleicht hatte er seinem Zögling zu dessen psychischer Entlastung soviel Freiraum gegeben, jenes Gewährenlassen, das man ihm dann ankreidete. Doch gelangte Nero nach Agrippinas Tod keineswegs zu Freiheit und Selbstbestimmung. Er überließ sich anderen Ratgebern.

Das Jahr 62 markiert einen Umschwung zum Schlechteren: Nero trennt sich von Octavia und läßt sie ermorden, heiratet dann Poppaea, Burrus stirbt, vielleicht durch Vergiftung, der lasterhafte Tigellinus wird

Die Octavia-Tragödie. Collage von Helga Ruppert-Tribian, Frankfurt a. M. 1995

sein Nachfolger Die Majestätsprozesse werden wieder eingeführt, ein Mittel, um die infolge der kaiserlichen Verschwendungssucht ruinierten Finanzen zu sanieren. Senecas Einfluß war im Schwinden. Sogleich fielen die Neider über ihn her, zusammen mit den Höflingen, die sich bei Nero

Octavia, um 45. Gefunden 1981 in den Ruinen des Kaiserpalastes von Baiae. Baia, Castello

einschmeicheln wollten. Wie schon jener Suillius erhoben sie Vorwürfe wegen seines Reichtums; er suche den Princeps durch die Pracht seiner Gärten und Landhäuser zu überbieten, ja er wolle Neros Glanz als Dichter verdunkeln. Auch mache er sich lustig über die Liebhabereien des

Kaisers, spotte über seine Stimme! «Wie lange noch soll nur das im Staat für großartig gelten, was Senecas Idee ist?»[151] Die gehässigen Vorwürfe bestätigen ex negativo Senecas bedeutende Rolle am Hof. Dieser wußte, was die Stunde geschlagen hatte. Er bat Nero in klugen und vorsichtigen Worten, ihn von seinen Pflichten zu entbinden und die reichen Güter, die er ihm geschenkt habe, wieder zurückzunehmen. Er wolle sich nun im Alter in Zurückgezogenheit seinen Studien widmen. Nero antwortet in höfischer Gewandtheit – seine Lobes- und Dankesbezeugungen lassen jedoch keinen Zweifel daran, daß die Zeiten der Gemeinsamkeit vorbei sind. Die Güter aber will er nicht zurücknehmen, sonst könne ja der Eindruck entstehen, der Kaiser sei habgierig und grausam! Mit Kuß und Umarmung endet die Unterredung, wie bei Agrippina. Für die nächsten Mordtaten Neros war dieser allein verantwortlich.

Der bemitleidenswerten Octavia wurde in dem Drama «Octavia» ein Denkmal gesetzt: die einzige uns erhaltene historische Tragödie Roms (praetexta). Sie ist (getreu nach den Ereignissen) im Geist von Senecas Tragödien geschrieben; da dieser aber selbst auftritt und viele Hinweise auf Neros Tod ex eventu auftauchen, hält man sie allgemein für das Werk eines Zeitgenossen, vielleicht eines Freundes von Seneca, der sie nicht lange nach Neros Tod verfaßt hat. Daß die düsteren Ereignisse im julisch-claudischen Kaiserhaus enge Parallelen zu Mythos und Tragödie aufwiesen, war jedermann deutlich. Der Spruch: «Nero, Orest, Alkmäon: Muttermörder sind's!» war als graffito zu lesen.[152] So konnte man in der «Octavia» den Greueln des Atridenhauses die Ermordung der Mutter, des Vaters, Bruders und der Schwiegermutter der Heldin entgegenstellen, die unter dem Haß des Gatten und den Nachstellungen ihrer Rivalin zu leiden hat. Das einzige, was ihr noch verblieben ist, die Gunst des Volkes, bringt ihr endgültig den Untergang. Als die Menge zu ihren Gunsten demonstriert, läßt Nero die Unruhen blutig niederschlagen und hat den Vorwand, Octavia nicht nur zu verbannen, sondern zu töten. Seneca tritt auf und mahnt Nero zur Milde. Seine Rede, die Gedanken aus *De clementia* aufnimmt, ist ein Lehrstück für Protreptik, verpflichtendes Lob. Nero weist in seiner Gegenrede darauf hin, daß Julius Caesar zum Dank für seine Milde ermordet wurde – was Seneca in seiner Schrift klüglich ausgespart hatte – und daß der vergöttlichte Augustus sich seine Machtstellung mit dem Schwert verschaffte. Man soll den Caesar lieben, meint Seneca. Fürchten muß man ihn, entgegnet Nero. Er übernimmt Caligulas Motto: Hassen und fürchten soll man ihn. Fortuna ist auf seiner Seite, und was gerecht ist, bestimmt er selbst. «Laß endlich ab, in mich zu dringen; du bist mir schon lange lästig: Mir soll endlich freistehen zu tun, was ein Seneca mißbilligt!» Mit diesem ähnlich auch bei Tacitus überlieferten, wohl sinngemäß authentischen Ausspruch wird Senecas Rolle beendet.[153] In der Nachfolge der «Octavia» komprimiert Claudio Monteverdi in seiner Oper «Die Krönung der Pop-

Seneca mit Schülern. Szene aus «Die Krönung der Poppaea» von Claudio Monteverdi, mit Harry Peeters als Seneca. Aufführung der Schwetzinger Festspiele, 1993

paea» (1642) die Ereignisse noch mehr: Man erlebt Octavias Untergang, Senecas Entlassung, Neros Hochzeit mit Poppaea und Senecas Tod. Doch waren Seneca in Wirklichkeit noch drei schaffensreiche Jahre vergönnt.

Nach dem Rücktritt: Die Schriften an Lucilius

Seneca zieht sich aus der Öffentlichkeit zurück; er stellt die Empfänge in seinem Haus ein, geht nur noch selten und mit kleinem Gefolge aus und bleibt, offiziell mit Rücksicht auf seine geschwächte Gesundheit, meist außerhalb der Stadt, wie auf seinem Gut im Gebiet von Nomentum[154], wo er den Weinbau kultiviert. Er lebt im otium, der Zeit der Muße, nach den Jahren des negotium, der Geschäfte. Aber es ist für ihn, wie für Cicero unter der Alleinherrschaft Caesars, kein Rückzug aus der Gemeinschaft. Cicero hatte damals seine philosophischen Schriften verfaßt; er hatte die griechische Philosophie in der lateinischen Sprache heimisch gemacht und immer wieder betont, daß dieses sein otium eine Form des Handelns für seine Mitbürger sei.[155]

Ebenso erklärt Seneca in seinem kleinen Dialog *De otio*, daß es für ihn keine starre Grenzlinie zwischen einer vita activa und einer vita contemplativa gebe. Für den Weisen ist Handeln nie von der denkenden Betrachtung zu trennen, sonst ist es nur Vielgeschäftigkeit; die Betrachtung aber muß wieder kommunikativ eingebracht werden, sonst bleibt sie steril. Er selber vergleicht sich mit den Vestalinnen: Mit sechzig Jahren scheiden sie aus dem Priesterinnendienst aus und lehren nun die Jüngeren. So antwortet er auf den Vorwurf, den ihm sein Adressat macht (wohl Serenus, der Anfang fehlt). Dieser meint, Seneca werde den Grundsätzen der Stoiker untreu, die dauernde Hingabe an das staatliche Wohl verlangen. Die stoischen Lehrer haben dem Weisen aber auch zugestanden, sich zurückzuziehen, falls es so schlimm um den Staat steht, daß ihm nicht zu helfen ist. Dann kann man sich dem anderen, dem größeren Staat zuwenden: Neben dem Staatswesen, in das man auf Gedeih und Verderb hineingeboren ist, gibt es noch die Oikumene, die Gemeinschaft aller Weltbürger und den Kosmos. Mensch und Natur, Mikro- und Makrokosmos, gilt es zu erforschen. Auch so lebt man der Natur gemäß und kann der Mit- und Nachwelt nützlich sein. Seneca weist damit voraus auf sein künftiges Schrifttum: die *Naturales quaestiones* und die *Epistulae morales*.

Von der Naturbetrachtung und -erforschung spricht Seneca stets mit Begeisterung. Sie war ihm mehr als ein philosophisches Propaedeuticum.

Bereits in seiner Jugend, wohl während seines Ägyptenaufenthalts, hatte er naturwissenschaftliche Schriften verfaßt. In Korsika war er, aus seiner res publica vertrieben, zum Kosmopolites, zum Bewohner einer größeren Welt geworden, zum bewundernden Betrachter des Weltalls. Wenn er nun das Wesen der Natur erforschen will, die Materie und das Wirken Gottes, was leistet er dann? *Daß dieses sein großes Werk nicht ohne Zeugenschaft ist* (4,2 Ende): Dafür hat uns die Natur ein *curiosum ingenium*, einen wißbegierigen Geist gegeben, damit wir einsichtige Zuschauer und respektvolle Betrachter des großen Weltenschauspiels, *tantis rerum spectaculis*, würden. Die stoische Naturbetrachtung, die ein planvolles Walten eines göttlichen Geistes in der Schöpfung erkennt (die Vorsehung, providentia), ist zugleich eine Art der Frömmigkeit in einer Zeit, da der althergebrachte Götterkult den Wunsch nach religiöser Bindung nicht mehr befriedigen konnte.

Die *Naturales quaestiones* sind Abhandlungen über Naturphänomene[156], gegliedert nach den vier Elementen. Behandelt werden die feurigen Lichterscheinungen in der Atmosphäre, wie Halos (Kränze um die Sonne), Fackeln (Elmsfeuer), der Regenbogen sowie Gewitter, Blitze, das Wasser (mit dem packenden Bild einer Sintflut), die Nilschwelle (mit neuesten Expeditionsergebnissen), dann Hagel, Schnee, die Winde, Erdbeben und die Kometen. Das Werk ist, wie schon *De providentia* und dann die Episteln, dem Freund Lucilius gewidmet, der damals – um das Jahr 62 – Prokurator in Sizilien war. Er hatte ein Gedicht über die dortigen Naturwunder verfaßt, wie die (auch von Seneca behandelte) Arethusa-Quelle, die mit einem unterirdischen Flußlauf verbunden sein sollte.[157] Seneca will jeweils die physikalischen Ursachen für ein Naturphänomen feststellen und dieses selbst erklären, wie etwa beim Regenbogen. Dazu stellt er die verschiedenen Meinungen vor, diskutiert sie, nimmt Einwürfe seines Adressaten vorweg und fügt seine eigene Meinung an. In den ausführlichen Prooemien der einzelnen Bücher wird die physikalische Thematik auf die Ethik bezogen, besonders eindrücklich im Prooemium zu Buch 3 mit seiner mehrfach wie bohrend wiederholten Frage: *Quid est praecipuum – Was ist wesentlich im Leben?* Da der heutige Leser sich meist auf die ethischen Passagen konzentriert, tritt die große Leistung des Naturforschers Seneca in den Hintergrund.

Was die *Naturales quaestiones* von griechischen Schriften über die Natur und ihre Phänomene unterscheidet, von Aristoteles, Theophrast oder dem Stoiker Poseidonios, ist das «moderne» Bewußtsein, den Zusammenhang mit der Natur verloren zu haben. Die Einblicke in das Walten der Natur, der Aufweis einer kosmischen Ordnung (was Seneca in *De providentia* angekündigt hatte) sind daher so nachdrücklich auf den Menschen bezogen; sie sollen eine Hilfe sein, um wieder soweit wie möglich «gemäß der Natur zu leben» und die Seele aus der unwürdigen Knechtschaft in sinnlosem Luxus und nichtiger Betriebsamkeit zu

Die Arethusa-Quelle in Syrakus auf Sizilien

befreien. Hierzu gehört auch der relativierende Blickpunkt: So groß ist das römische Weltreich, aber von oben betrachtet sähe es aus, als ob Ameisen in einem Gartenbeet wimmeln!

Ein wichtiges Thema ist die Befreiung von Ängsten, vor allem von der Todesfurcht. In dieser Zielsetzung, mit beißender Zivilisationskritik und einem geradezu missionarischen Eifer für die Befreiung des Menschen zu seinem besseren Selbst, erscheint Seneca als ein stoischer Lukrez. Dieser hatte ein Jahrhundert zuvor in seinem Lehrgedicht «De rerum natura – Von der Natur» seine Zeitgenossen durch die Heilslehre Epikurs, die auf der Atomlehre Demokrits fußt, von Todesfurcht und Verstrickung in Habsucht und Machtgier befreien wollen. Nun fordert Seneca seine Mitbürger dazu auf, sich in die Gesetze und Geheimnisse der Natur zu vertiefen, die von der göttlichen ratio, vom Logos, durchwaltet, ja eins mit diesem ist. So wird man die eigene Sterblichkeit überspringen können und in eine höhere Existenz aufgenommen werden. Religiöse Sehnsucht nach einer Rückkehr zum All-Einen drückt sich hier aus; wieder zeigt sich, daß Senecas Philosophie eine religiös grundierte Weltanschauung ist, die im Lauf der Zeit immer mehr platonische Elemente aufnimmt. Hierzu gehört der tröstliche Gedanke von der Rückkehr der Seele an ihren himmlischen Ursprungsort, der zwar nicht ins stoische Denken integriert wird, aber als schöne Hoffnung offenbar unverzichtbar war, ebenso wie bei Cicero.[158]

Seneca ist bei seiner Erklärung der einzelnen Phänomene aus heutiger Sicht natürlich des öfteren «überholt», er rief freilich selbst die Nachwelt zum Weiterforschen auf, was Goethe «höchst liebenswürdig» erschien[159] und wozu auch derzeit noch in naturwissenschaftlichen Publikationen aufgefordert wird. Durchaus «modern» ist er aber in seinen Warnungen vor dem Mißbrauch der *bona naturae*. Gott, unser Schöpfer, ist nicht schuld, wenn wir seine Wohltaten ins Gegenteil verkehren. So können wir durch die Winde Seefahrt treiben und unseren Horizont erweitern. Gott gab die Winde, damit die Vorteile jeder Gegend zum Nutzen der Allgemeinheit zugänglich gemacht würden – aber nicht, um ein Land nach dem andern auszuplündern, das Meer mit Kriegsflotten zu bedecken und anderen Völkern Tod und Verderben zu bringen! (V 18,13 f.) Seneca konstatiert wieder jene allgemeine Neigung des Menschen zum Schlechten, die eine *de-mentia* ist, ein Abfall von der *sana mens*, und das denaturierte Leben zur Folge hat, das viele seiner Zeitgenossen führen. Davon soll sich Lucilius fernhalten, indem er sich auf sich selbst – aber auch vor sich selbst! – zurückzieht. Seneca will ihm, obwohl das Meer sie trennt, dabei behilflich sein, ihn bei der Hand nehmen und zum Besseren anleiten. *Und damit du dich nicht einsam fühlst, werde ich von hier aus mit dir Gespräche führen, und wir werden einander Ratschläge geben, die nicht von der Miene eines Zuhörers beeinflußt sind.* (IV Prooem. 20)

Seneca beginnt das große Werk der Episteln im Bewußtsein, daß sich sein Leben dem Ende zuneigt und er sich die Zeit genau einteilen und die Nacht zum Tage machen muß. In den Briefen an Lucilius gibt es nicht nur einen Gebenden und einen Empfangenden. Lucilius ist kein junger Schüler; er ist ein erprobter Freund, der seine Treue und Standhaftigkeit schon unter Caligula und gegen Messalina unter Gefahr für Leib und Leben bewährt hat und auch unempfänglich für Bestechungen aller Art war (was hier wohl nicht ohne Grund erwähnt wird[160]). So vermag er Seneca Rückhalt zu geben. Und dieser ist selbst keineswegs der Weise; er ist noch nicht am Ziel, sondern will als proficiens, als Fortschreitender, mit Lucilius gemeinsam sich prüfen, Rechenschaft ablegen. Was er aber bereits an Erkenntnissen gewonnen hat, das will er an den Freund und über ihn hinaus an die Nachwelt weitergeben. So wird er das höchste Ziel eines verantwortungsbewußten Römers erreichen, nämlich der Mit- und Nachwelt Nutzen zu bringen.

Die (um 62–65 entstandene) Sammlung von 124 Briefen, in der Überlieferung in 20 Bücher eingeteilt, stellt Senecas Hauptwerk dar. In der von ihm bevorzugten urbanen Form der Ansprache an ein Gegenüber faßt Seneca seine Grundgedanken zu einem umfassenden Lehr- und Lernprozeß zusammen: *disciplina* und *exercitatio*. Lucilius braucht nicht mehr vom Wert des Philosophierens für die rechte Lebensführung überzeugt zu werden. Es geht um die endgültige Festigung seines Charakters, indem der bereits vorhandene impetus, der Antrieb, das Rechte zu tun, zum habitus, zu einer unerschütterlichen Haltung wird. Das Ziel ist die völlige Freiheit von allem Äußerlichen, bis hin zur Verachtung des Todes, der Einklang mit sich selbst, mit der göttlichen Weltordnung, aus dem eine tiefe innere Ruhe und Freude entsteht – das Bewußtsein der *vita recta et beata*, des geglückten Lebens.

Das Werk ist als Ganzes konzipiert, als ein vom Einfacheren zum Komplexeren fortschreitender Prozeß einer Seelenführung. So wird man es, trotz der Hinweise auf briefliche Fragen und Antworten des Lucilius, nicht als Teil eines tatsächlichen Briefwechsels auffassen, ohne freilich von fingierten oder fiktiven Briefen zu sprechen. Eine Alternative «echt» oder «fiktiv» ist verfehlt, denn Seneca wendet sich in allen seinen Schriften konkret an eine Person, aber gleichzeitig darüber hinaus an einen weiteren Leserkreis. So ist die Trostschrift an Helvia zweifellos an seine Mutter gerichtet; mit ihren Passagen der Zivilisationskritik (zum Beispiel am Tafelluxus) wendet sie sich aber von vornherein an ein größeres Publikum. Daß ein Brief nur «echt» ist, wenn er der Übermittlung aktueller Informationen dient und lediglich für den Adressaten bestimmt ist (Briefgeheimnis!), ist eine Auffassung erst der allerjüngsten Zeit. Zahllose Briefsammlungen noch des 18. und 19. Jahrhunderts sind an ein «echtes» Gegenüber gerichtet, enthalten neben Aktuellem auch allgemeine Reflexionen und waren gleichzeitig zum Vorlesen und zum Weiterverbreiten bestimmt, wie heute noch ein «offener Brief».

So will Seneca auch Lucilius ansprechen, aber mit ihm zugleich ein weiteres Publikum. Er spricht ja selbst von seiner Arbeit für die Nachwelt. Doch war er kein Kathederphilosoph, der geruhsam einen «Fernlehrgang Philosophie» verfaßte, mit dem zufällig abwesenden Lucilius als «Aufhänger», und die einzelnen Teile bis zur Fertigstellung in der Schublade verwahrte. Er wußte nicht, wie lange er noch zu leben hatte. Zum einen quälte ihn seine Krankheit, das Bronchialasthma. Bei seinen bis zu einer Stunde andauernden Erstickungsanfällen nahm er das Sterben gleichsam vorweg. Die bekannte Doppelherme, die ihn in seinen letzten Jahren darstellt, zeigt ihn nicht nur im Typus des tatkräftigen Politikers[161], sondern auch als einen sichtlich aufgeschwemmten Mann. Bei schwerem chronischen Bronchialasthma ergibt sich schließlich eine

Herz- und Lungeninsuffizienz, die zu Wassersucht führt. Seneca hat sein Lebenswerk der Krankheit abgerungen. Die Askese, die er pries, war für ihn notwendig; der Zusammenhang von Krankheit, Askese und rigorosem Schöpfertum ist bei ihm ebenso erkennbar wie bei Friedrich Nietzsche.[162] Zum andern war er – er wußte es wohl – eine persona non grata. Nero, der sich immer mehr als unumschränkter Herrscher in der Nachfolge des Caligula gab, wartete nur auf eine Gelegenheit, um ihn zu Fall zu bringen. Es wird sogar von einem Giftmordanschlag berichtet, den Seneca zu vereiteln wußte, indem er nur wildwachsendes Obst und Quellwasser zu sich nahm.[163] Ein gewisser Romanus schwärzte Seneca bei Hofe an, als Genossen des damals schon beargwöhnten Piso. Zwar konnte sich Seneca rechtfertigen, doch hing fortan eine Wolke des Verdachts über ihm. Lucilius selbst hatte einen Prozeß vor sich, den ihm ein Feind angehängt hatte.

Unter diesen Bedingungen schuf Seneca sein Epistelwerk: *Vivere militare est – Leben heißt kämpfen.*[164] Er konnte nicht sicher sein, daß er es zum Abschluß brachte noch daß eine postume Veröffentlichung gewährleistet war. So wird man zu der Annahme geführt, daß Seneca den Freund nicht damit vertröstete, er verfasse ein lebenswichtiges philosophisches Werk für ihn, sondern daß er ihm die Briefe, vielleicht buchweise, in einzelnen Konvoluten zustellte, nach Sizilien und später an dessen Aufenthaltsorte in Italien. Unter dieser Voraussetzung haben auch die zahlreichen aktuellen Einzelheiten mehr Sinn: Seneca knüpft an sie jeweils philosophische Reflexionen an, doch wären solche Situationsbezüge wie die Aufforderung zur Besteigung des Ätna (Ep. 79) bei einer allgemeinen Lehrschrift, einer Diatribe mit Briefcharakter, nicht nötig gewesen. Gleichzeitig wird er, und wohl auch Lucilius, einige Abschriften im Freundeskreis und in der «Literaturszene» in Umlauf gebracht haben. Auch Tigellinus, der Chef der Geheimpolizei, sollte wohl einen Blick in das Werk tun, um sich zu überzeugen, daß Seneca wirklich, wie er es Nero gegenüber angegeben hatte, wissenschaftliche Schriftstellerei betrieb, mit wohlbekannten Thesen über die Tugend, auf deren Lektüre Nero selbst wohl verzichtete.

Hat Seneca für seine philosophischen Briefe ein Vorbild gehabt? Auffallend ist die große Rolle, die Epikur spielt und die nicht nur durch eine epikureische Neigung des Lucilius zu erklären ist. Seneca unterscheidet, wie früher schon, zwischen Epikurs wahrer Lehre und einem hemmungslosen Luststreben. In den ersten drei Büchern schließt jeder Brief mit einer «Losung», einem Weisheitsspruch, über den der Schüler nachdenken, meditieren soll, wie man dies auch von Marc Aurels «Selbstbetrachtungen» kennt. Die Losungen stammen ausnahmslos von Epikur, wenn Seneca auch des öfteren erklärt, daß vieles davon Allgemeingut sei. Auch in späteren Briefen wird Epikur häufig herangezogen. Er kann als Gewährsmann dienen, da er wie Seneca und die Stoiker das Lebensziel in der inneren Freiheit von allem Äußerlichen sah und das Glück in der daraus entspringenden Seelenruhe fand. Seneca beschreibt, wie schon Cicero, den «Garten», die Stätte des Meisters, als einen Ort humaner Geselligkeit.[165] Epikur war, vor allem durch sein Freundschaftsethos, noch in der Römerzeit eine geistige Potenz; man denke an Vergil und seinen Kreis in Kampanien und an die Zeugnisse der Bibliothek in der Pisonenvilla in Herculaneum. «Die Freundschaft tanzt ihren Reigen rings um den Erdkreis», hatte Epikur gesagt.[166] In seinen von den Schülern gesammelten Briefen mischen sich Lehrhaftes und Persönliches; sie lassen das Bild einer charismatischen Persönlichkeit entstehen, die zu Recht ihren Namen Epikouros, Helfer und Beistand, trug. Epikur hatte sein Leben nach seinen Grundsätzen der inneren Freiheit und Seelenruhe ausgerichtet und es durch einen gefaßten Tod besiegelt. Trotz schlimmster Schmerzen bewahrte er sich die Freude in Erinnerung an das gemeinsame Philosophieren, wie er an den Freund Idomeneus schreibt (von Seneca zitiert in Ep. 66,47).

So wie Epikur dem Freund ein Leben im Gedächtnis der Nachwelt versprechen konnte, will Seneca Lucilius' Namen Bestand verleihen, und: *den rechten Weg, den ich spät erst erkannte und müde vom Irren, will ich den anderen weisen.* Seine Lehren sind gedacht als *heilbringende Ermahnungen, eine hilfreiche und wirksame Arznei.* Er fühlt sich als Philosoph zu den *miseri*, den Elenden gesandt, *um den Versprengten und Irrenden das helle Licht der Wahrheit aufzuzeigen* und die im Dunkel befangenen Gemüter zu läutern und zu klären. Das Ethos des Heilbringers erinnert bis in wörtliche Anklänge an Lukrez, den Verkünder der Heilslehre Epikurs.[167] Auch die Episteln des Horaz, die um die Themen Freiheit, Unabhängigkeit und Genügsamkeit kreisen und Selbsterforschung und Selbsterfahrung für sich und andere vermitteln, sind von epikureischem Gedankengut geprägt. In der Persönlichkeit ihres Gründers, im Zusammenleben der Schüler und einer weltumspannenden Freundschaftsidee, die in seinen Briefen Dauer fand, besaß Epikurs Lehre eine emotionale Prägung, die der Stoa fehlte. Wenn nun Seneca sein philosophisches Vermächtnis in Form von Briefen an einen Freund formulierte, konnte er dieses Element in sein Philosophieren einbringen. Vielleicht hatte er dazu schon von seinen Lehrern Anregungen empfangen. Außerdem war er sich mit Epikur, oft eher als mit den Stoikern, einig in der Abkehr von den dialektischen Spitzfindigkeiten, die den Charakter der Philosophie als einer Lebenslehre beeinträchtigten (wie etwa die berüchtigten stoischen Paradoxa). Es soll – bei Epikur wie bei Seneca – keine Doktrin erlernt, sondern eine Lebenshaltung eingeübt werden. Durch die Aufnahme epikureischer Aspekte gewann das Werk nicht nur an Wärme, sondern auch an Universalität: Seneca knüpfte ein Band zu empfänglichen Gemütern der Mit- und Nachwelt, auch außerhalb eines orthodoxen Stoikertums. Damit erfüllte er seine Aufgabe als Phi-

Seneca. Bild auf einem Porzellanteller aus dem Service iconographique grec, Sèvres 1812–1817. Berlin, Kunstgewerbemuseum

losoph, der ein *generis humani paedagogus*, ein Lehrer des Menschengeschlechts, sein soll.[168]

Die Einsicht in den Bauplan des Werkes und seine Ordnungsprinzipien ist vor allem durch Hubert Cancic und Gregor Maurach gefördert worden; Paul Rabbow, Ilsetraud und Pierre Hadot haben zur Erhellung der inneren Form als eines geistigen Exerzitiums Wesentliches geleistet, und Paul Veyne hat die Briefe im Rahmen des stoischen Systems interpretiert. So liegt es nahe, sich auf einige Gesichtspunkte und einen Lektürevorschlag für einzelne Briefe zu beschränken.

Das erste Buch mit seinen zwölf Briefen bildet eine überschaubare Einheit, einen Kurzlehrgang für den modernen occupatus. Die Grundthemen klingen an: Nutzung der Zeit, Wert der Freundschaft, Unabhängigkeit vom Urteil der Menge, Sammlung und Konzentration auf sich selbst, Genügsamkeit und Autarkie des Weisen; die virtus, die sittliche Vollkommenheit, genügt zum glücklichen Leben. Sie allein kann auch vom Schicksal nicht geraubt werden, wie das schon in *De ira* erzählte Beispiel zeigt: Alles Meinige trage ich bei mir, sagt der Weise. Wie stark die gelebte Philosophie auf ihre Adepten einwirkt und einwirken soll, beweist der Ausdruck *transfigurari* (6,1) – Seneca merkt nicht nur eine Besserung, sondern eine förmliche Umwandlung, wie bei einer Einweihung in die Mysterien, er wird ein neuer Mensch; die philosophischen Exerzitien sind Einweihungen, *initiamenta* (90,28) – schon Platon bediente sich der Mysteriensprache –, durch die der Mensch das Wesen aller Dinge, der menschlichen wie der göttlichen, erkennt.

Im lebendigen Austausch soll sich das Philosophieren vollziehen; die *viva vox* und der *convictus*, die lebendige Stimme im gemeinsamen Umgang, bewirken mehr als Lehrvorträge, *denn die Menschen trauen eher den Augen als den Ohren, und lang ist der Weg durch Belehrungen, kurz und wirksam durch Beispiele: longum iter est per praecepta, breve et efficax per exempla.* (6,5)

Daran hält sich Seneca und tritt im Schlußbrief des ersten Buches selbst als *exemplum* für das Altern und die rechte Einstellung zu Alter und Tod auf. (12) Er erzählt, wie er in sein Landhaus kommt und dort allenthalben Spuren von Verfall erblickt: Das Haus ist baufällig, die Platanen kümmern, der Torwächter scheint aus dem Hades entstiegen. Aber es handelt sich nicht um Vernachlässigung: Das Haus ist alt, die Platanen ebenfalls – Seneca erinnert sich, daß er sie selbst gepflanzt hat. Und er muß von dem hinfälligen Alten an der Tür hören, daß dieser, der Sohn des Verwalters, einst sein Liebling war, dem er Spielzeug mitbrachte. Wahrhaftig, sagt Seneca sarkastisch mit Blick auf sich selbst, mein kleiner Liebling – die Zähne fallen ihm gerade aus! Der Weise, oder der Adept der Philosophie, ist durchaus nicht gefühllos, er spürt den Stich – hier durch die unbarmherzige Konfrontation mit dem Alter –, aber er wendet die ratio an und kommt zu einer Reflexion über das Altern als einen unausweichlichen, naturgemäßen Prozeß, der nicht zur Trauer, sondern zum bewußten Genießen des Augenblicks führen soll. Jeder Tag umfaßt gleichsam das ganze Leben; wenn Gott ein Morgen hinzufügt, so wollen wir es dankbar annehmen und diese Zeitspanne sinnvoll nützen. Jeden Abend können wir dann sagen: «Ich habe gelebt.» Daher kommt es auch nicht darauf an, möglichst lange zu leben. Entscheidend ist die Qualität, nicht die Quantität des Lebens: *Wie lange ich lebe, hängt nicht von mir ab. Ob ich aber wirklich lebe, solange ich bin, das hängt von mir ab.* (93,7)

Der philosophische Habitus soll jedoch nicht zur Absonderung von den Mitmenschen führen. Seneca lehnt es ab, sich wie die kynischen Wanderprediger in bewußt alternativem Aufzug, in härenem Gewand, mit wallendem Haupthaar und wildwucherndem Bartwuchs gleichsam zur Schau zu stellen und die Leute mit Reden über die Verachtung des Reichtums vor den Kopf zu stoßen. Mitmenschlichkeit und Gemeinsinn, *humanitas*, gehören zur Botschaft der Philosophie, die aber nicht ankommt, wenn man durch radikales Anderssein eher abschreckend als einladend wirkt. (Ep. 5) Also weder schmutzige Ungepflegtheit noch übertriebener Luxus und Handhaben des Besitzes mit gelassener Selbstverständlichkeit. *Reichtum nicht ertragen zu können ist Zeichen eines un-*

gefestigten Charakters (5,6): eine beiläufige, aber deutliche Replik auf die schon in *De vita beata* zurückgewiesenen Vorwürfe gegen den «Luxusphilosophen».

Beiläufig, aber wichtig erscheint auch die Bemerkung, der Name der Philosophie sei schon mißliebig genug, deshalb solle man kein Aufsehen und keinen Anstoß erregen durch sein Philosophentum. Die mißliebige Philosophie war die von Stoikern getragene Senatsopposition gegen den Princeps, mit ihrem Führer Thrasea Paetus, dem man eine schulmeisterlich strenge Miene vorwarf.[169] Seneca lebte zwar in Zurückgezogenheit, aber nicht im luftleeren Raum. Nur wenn man den historischen Hintergrund bedenkt, die Jahre, in denen Neros Herrschaft immer drückender wurde, bis sie schließlich nicht mehr ertragen werden konnte, wird Senecas rigorose Art des Philosophierens mit seinen monomanisch wiederholten Thesen verständlich. Der konsequente Rückzug auf das eigene Ich, die Loslösung von allen bürgerlichen Pflichten und Ämtern, die Lucilius immer wieder angeraten wird, hat zur Prämisse, daß der Staat zu jenen gehört, denen nicht mehr zu helfen ist und aus denen man sich nach stoischer Ansicht zurückziehen darf.

Da die Verhältnisse nicht zu ändern sind, will Seneca seinen Mitbürgern den einzig möglichen, aber zugleich wichtigsten Dienst leisten, sie nämlich auf die Schicksalsunabhängigkeit einschwören. Nur wenn Glück und Unglück im eigenen Bewußtsein liegen, ist der Mensch frei. Und dazu bedarf es der Überzeugung, daß ihm die Widrigkeiten des Schicksals nichts anhaben können, da es nur ein Übel gibt: das moralisch Schlechte, das er vermeiden kann. Alles andere aber muß der Mensch als vom Schicksal verhängt mit Gelassenheit annehmen: *Den Willigen führt das Schicksal, den Unwilligen schleppt es mit sich – Ducunt volentem fata, nolentem trahunt.* (107,11) Aus diesem amor fati, dem willigen Eingehen in den großen Kreislauf, entsteht ein Gefühl des Glücks, die Seelenruhe. Da diese Sicht der Dinge eine völlige Umkehrung der üblichen Sehweise darstellt – überspitzt gesagt ist der Weise auch auf der Folterbank glücklich –, wird es verständlich, daß es einer langwierigen Einübung und Eingewöhnung bedarf, bei der auch Wiederholungen durchaus angebracht, ja nötig sind.

Wichtig ist auch die Person des Seelenführers als eines Wächters und Mahners, der den Adepten bei der Stange hält. So mischt Seneca in seinem Briefcorpus zwischen längere Abhandlungen über philosophische Fragen immer wieder persönliche Erlebnisse, die ebenso wie Lehrsätze zum Nachdenken anregen sollen, sowie Zeitkritik. Die folgenden Briefe können hierfür als Beispiel dienen: Seneca im lärmenden Badebetrieb von Baiae (56); er macht – stoischer Lehre entsprechend – eine «Seelenkur» und will sich abhärten gegenüber den Eindrücken von außen, die er humorvoll beschreibt.[170] Dem gleichen Zweck, einem «Askesetraining», dient eine Reise ins einfache Leben (87), auf der Seneca merkt, daß er noch keineswegs der Weise ist: Es ist ihm doch etwas peinlich, als er auf seinem Maultierkarren den prunkvollen Equipagen seiner Standesgenossen begegnet … Aus dem fieberschwangeren Rom flüchtet er sich einmal hinaus auf sein Landgut: ein Grund für ihn, der liebevollen Sorge seiner Gattin Pompeia Paulina zu gedenken. Um ihretwillen (die offenbar um einiges jünger ist als er) muß er mehr auf seine Gesundheit achten, als er es von sich aus täte: Indem er für sich sorgt, sorgt er gleichzeitig für sie. (104,1) Er knüpft allgemeine Betrachtungen über das Reisen an, das zwar nützliche Kenntnisse vermitteln kann, bei vielen seiner Zeitgenossen aber zur Unrast und Flucht vor sich selbst geworden ist. Dann darf man sich nicht wundern, daß eine Reise keine Erholung bringt: Man nimmt sich selbst ja immer mit! Eine Reise mit Anregungen zum Nachdenken machte Seneca nach Liternum am Golf von Neapel, wo er das bescheidene Haus des Scipio, des Siegers über Hannibal besichtigt. (86) Ein solch enges, primitives Bad würde man heute keinem Sklaven mehr zumuten – Anstoß für eine Philippika gegen den Luxus der Zeit, die sich vor allem gegen die maßlose, ja ekelerregende Schlemmerei richtet, gegen Gastmähler im Stile eines Trimalchio, wie wir sie aus Petrons «Satyricon» kennen. *Gute Götter, wieviel Menschen bringt ein einziger Bauch in Bewegung!* (95,24) Kein Wunder, daß es ernährungsbedingte Zivilisationskrankheiten in Fülle gibt.

Heftige Kritik übt Seneca auch, wie vor ihm Cicero, an den Zirkusspielen, mit «Sondervorstellungen» von abstoßender Grausamkeit (7), und er verkennt die Gefahr nicht, die darin für eine ungefestigte Seele liegt. Für Seneca ist der Mensch nicht des Menschen Wolf, sondern er ist etwas Heiliges für seinen Mitmenschen – *homo, sacra res homini* –, und dieser wird hier nackt und waffenlos zu Spiel und Spaß, als Schauspiel für die Menge, niedergemacht. (95,33) Inhuman ist es ebenfalls, Sklaven nicht als Menschen zu behandeln (47), was vor allem jene tun, die selbst Sklaven ihrer Laster sind. Der göttliche Geist wohnt in einem römischen Ritter, einem Freigelassenen, einem Sklaven. Was sind das überhaupt für Bezeichnungen? *Namen, aus Machtstreben oder Ungerechtigkeit entstanden.*[171] Tadel verdienen aber nicht nur die einzelnen, sondern auch Gesellschaft und Staat. Mord und Totschlag sind verboten, ebenso Exzesse von Habgier und Grausamkeit. Von Staats wegen aber werden Krieg, Völkermord und Ausbeutung durch Volksentscheide und Senatsbeschlüsse sanktioniert!

Trotz der beklagenswerten Verwilderung der Sitten gibt Seneca seinen Glauben an eine Besserung durch die praecepta der Philosophie nicht auf. Er wendet sich nicht ab von der zerrütteten Menschheit, sondern formuliert sein Vermächtnis, die Regel der Menschenpflicht, *formula humani officii*: *Alles, was du vor Augen hast, was göttliche und menschliche Züge trägt, ist eins: Glieder sind wir eines einzigen großen Körpers. Die Natur hat uns als Blutsverwandte geschaffen, als sie uns aus demselben*

Stoff zu derselben Bestimmung erzeugte. Sie hat uns gegenseitige Liebe eingepflanzt und uns zum Leben in der Gemeinschaft befähigt. Sie hat Recht und Billigkeit geschaffen; nach ihrem Gesetz ist es erbärmlicher zu schaden, als Schaden zu erleiden. Ihrem Gebot zufolge sollen unsere Hände zum Helfen bereit sein. Der berühmte Vers [des Menander] sei in unserem Herzen und auf unseren Lippen: «Ich bin ein Mensch, und nichts Menschliches ist mir fremd.» Halten wir also zusammen: Für die Gemeinschaft sind wir geboren, unser Zusammenleben gleicht einem Bogengewölbe: Es würde einstürzen, wenn sich die Steine nicht gegenseitig stützten und so das Gewölbe hielten. (95,52f.) Mit diesem Aufruf zum mitmenschlichen Handeln, auch Sklaven gegenüber, und seiner Überzeugung, daß der Mensch für den Menschen etwas Heiliges sei, gehört Seneca zu den Wegbereitern des Menschenrechtsgedankens.

Er schildert auch seinen Tagesablauf (83), den er, seinem Alter und seiner schwachen Gesundheit angepaßt, zwischen Ruhen, Lesen und Schreiben einteilt. Körperliche Übungen hat er beibehalten: Wettlauf, allerdings mit einem Knaben, keinem Sportler, dann ein Bad, nicht mehr ganz so kalt wie früher. Ein frugales Frühstück, ein Nickerchen, dann Lektüre mit Kritik an den Spitzfindigkeiten des Zenon, mündend in eine drastische Ablehnung des übermäßigen Trinkens.

Eine ungewöhnlich harte Kritik übt er, der Gelehrte und Hochgebildete, auch am Studium der artes liberales, der freien Künste. (88) Sie heißen zwar so, weil sie eines freien Mannes würdig sind, wahrhaft frei macht aber nur eine einzige Wissenschaft, die *ars vitae*. Und auch diese soll strikt auf Wissensballast verzichten. Die Einzelwissenschaften sind lediglich instrumentell, eine Vorschule des Geistes und Dienerinnen der Herrin Philosophie (wie später der Theologie). Auch hierin ist Seneca nicht nur mit den Stoikern, sondern auch mit Epikur einer Meinung. Alle Bildung (Paideia) mit vollen Segeln zu fliehen, rät dieser einem Freund, und Seneca erklärt, Derartiges müsse man nicht lernen, sondern gelernt haben. Mit rhetorischer Brillanz reduziert er das Sachwissen auf Spitzfindigkeiten und intellektuelle Spielerei, um die Rolle der Philosophie zu erhöhen: *Du fragst, wo Odysseus überall herumgeirrt ist, anstatt lieber darauf hinzuwirken, daß wir nicht ständig in die Irre gehen! […] Wir haben keine Zeit, uns den Kopf darüber zu zerbrechen, ob Odysseus zwischen Italien und Sizilien vom Sturm hin- und hergeworfen wurde – Stürme und Leidenschaften jagen uns ständig hin und her, und unsere Schlechtigkeit [nequitia] treibt uns in alle Leiden des Odysseus.* (88,7) Der «Alleinvertretungsanspruch» der Philosophie hielt sich bis ins Christentum: Die christliche Lehre ist bei Augustinus in seiner Konkurrenzschrift «De beata vita» die echte, wahre Philosophie. Personifiziert erscheint die Philosophie als Seelentrösterin dem zum Tode verurteilten Boethius im Kerker («Consolatio philosophiae»).

An ein aktuelles, die Gemüter bewegendes Ereignis, den Brand von

Seneca. Bildnis aus der Augsburger Weberstube, 1453, mit Spruchband: «Wer Gutes weiß und Arges tut, der sündigt mit bedachtem Mut.» München, Bayerisches Nationalmuseum

Lyon im Jahr 64, knüpft Seneca Betrachtungen über die Vergänglichkeit und schließt mit der Warnung vor Todesfurcht. (91) Der Tod ist kein Schreckgespenst, er ist der große Befreier von Qualen, Armut, Trauer, Marter und Überdruß. Nach dem Tode fühlen wir entweder nichts mehr, wie vor der Geburt, oder, wenn wir den Platonikern glauben wollen, ist die Seele eine Gefährtin der Götter. Die endgültige Bewährungsprobe auf ein rechtes Leben ist der Tod. Philosophieren, ja leben überhaupt ist sterben lernen, hatte schon Sokrates gelehrt, und der Tod ist auch für Seneca ein zentrales Thema: *Cotidie morimur – Täglich sterben wir.* (24,20) Seine Krankheit mit ihren Todesangst verursachenden Erstickungsanfällen dient ihm zum «Einüben» des Sterbens: *meditatio mortis.* (54,2) Die *praemeditatio*, das gedankliche Vorwegnehmen künftiger, meist unangenehmer Ereignisse, gehörte zum Grundbestand philosophischer Übungen gegen Angst und Unsicherheit, ein Verfahren, das noch heute bei Phobien aller Art angewandt wird. Die «antrainierte» Gleichgültigkeit gegen den Tod kann freilich zu einer Abwertung des Lebens führen. Seneca hatte schon in seinen frühen Jahren das Leben wegen der Wohltat des Todes gepriesen und diesen später geradezu als Weihe des Lebens bezeichnet.[172] So scheint er selbst nicht ganz frei gewesen zu sein von jener *libido moriendi*, die er bei seinen Zeitgenossen kritisierte, einer Todesbegierde, die viele in den Selbstmord trieb. Nicht nur tyrannische Willkür und Grausamkeit seit Caligula, sondern auch ein allgemeiner Lebensüberdruß, *taedium vitae* inmitten von maß- und sinnlosem Luxus, brachte manche dazu, sich aus mangelnder Lebensperspektive den Tod zu wünschen. *Wie lange schon – wie lange noch immer dasselbe!, sagt sich der Lebensüberdrüssige.*[173] *Nausia*, Lebensekel plagt ihn, ein Übel, das Seneca schon in *De tranquillitate animi* auf die Uneinigkeit mit sich selbst zurückgeführt und als eine verbreitete Zivilisationskrankheit bezeichnet hatte. Auch hier helfen die philosophischen Exerzitien: Die Seele muß von Affekten gereinigt und in sich gefestigt werden. Dann, sagt Seneca in der Nachfolge des Sokrates, wird sich der Mensch darum bemühen, auf dem Posten, auf den er gestellt ist, ehrenhaft und tüchtig zu handeln. Dabei wird er alles, einschließlich seiner eigenen Person, nicht als sein Eigentum, sondern als eine Leihgabe des Schicksals ansehen, die zu gegebener Zeit wieder zurückgefordert wird. Deshalb wird der Weise sein Leben nicht wegwerfen. Allerdings erlaubte die Stoa, im Gegensatz zu den Platonikern, bei gewichtigen Gründen den Freitod, wenn man nur so seine Freiheit bewahren konnte: in der Gewalt eines Tyrannen, bei einer unheilbaren Krankheit, die die Persönlichkeit zerrüttet.

Seneca berichtet mit Anteilnahme vom entschlossenen Sterben eines Kranken wie eines zum Tode Verurteilten, vom mutigen Selbstmord versklavter Gefangener in der Arena. Er ist sich bewußt, daß erst diese letzte Probe das Urteil über den Menschen erlaubt, eine Probe, die ihm selbst in nicht zu ferner Zeit bevorstehen sollte.

Die Pisonische Verschwörung – Senecas Tod

Wenn dich das Schicksal von der ersten Stelle im Staat verdrängt, dann mache es wie die kampferprobten Soldaten, die auch verwundet noch standhalten und die anderen ermuntern. Bleib an deinem Platz und erhebe deine Stimme. Und wenn dir einer die Kehle zudrückt, halte dennoch stand und hilf durch Schweigen. Nie ist es verlorene Mühe, was ein guter Bürger tut: Man sieht und hört ihn. Durch seine Miene, seinen Wink, durch wortlosen Widerstand, ja durch die Art, wie er einhergeht, verbreitet er Nutzen. So hatte Seneca an seinen Freund Serenus geschrieben[174], eine seiner vielen prophetischen Äußerungen. Es war die Rolle, die er nun zu spielen hatte.

Nero hatte sich seines Namens zum Tempelraub bedienen wollen: Um die drückende Finanznot, die durch seinen maßlosen Luxus entstanden war, zu beheben, plünderte der Kaiser die Weihgeschenke in den Tempeln des Reiches. Daraufhin hatte sich Seneca noch mehr zurückgezogen; den Großteil seiner Güter hatte er für den Wiederaufbau Roms nach dem großen Brand zur Verfügung gestellt. Offiziell wegen seiner Krankheit nahm er nicht mehr an den Senatssitzungen teil. Auch der aufrechte Thrasea Paetus hatte sich zurückziehen müssen, nachdem ihm Nero demonstrativ den Zutritt verweigert und ihn damit zur persona non grata erklärt hatte. Was Nero anging, bewahrheiteten sich Senecas Äußerungen ebenfalls. In *De clementia* war hinter höflicher Verbrämung ein schwacher, zu Furchtsamkeit neigender Charakter erkennbar geworden, bedenklich für einen Herrscher, der bald überall Gefahren und Feinde wittert und ausloten will, wieviel er sich erlauben kann. Seneca hatte ein Stabilisierungsprogramm für Neros labilen Charakter entworfen: Die Liebe seiner Untertanen, die er sich durch ein gutes Regiment verdiente, würde ihm Ruhe und Sicherheit verleihen. Nero hatte den Beifall für seine Künstlertätigkeit als Surrogat nehmen wollen, was so lange gutging, wie er es nicht übertrieb und tüchtigen Männern die Staatsgeschäfte überließ. Aber Senecas unbequeme stoische Wahrheit ließ sich nicht verdrängen: Wer sich in einer solch unumschränkten Stellung, ohne das Korrektiv der Mitwelt, nicht konsequent nach der virtus ausrichtet, seine Affekte zügelt und sich seiner Pflichten gegen die Mitmenschen bewußt ist (worin sich später Marc Aurel schon als Kronprinz übte), der zieht sich schließlich eine unheilbare Seelenkrankheit zu, wie es Seneca an seinen Dramenfiguren exemplifiziert hatte.

Mit Hilfe der stoischen Philosophie konnte man also, zumindest annähernd, erklären, warum Nero, trotz aller guten Lehren, zum Tyrannen geworden war. Es ließen sich noch die schlechten Erbanlagen Neros zur Erklärung heranziehen, die Sueton an den Anfang seiner Vita stellt. Dazu die Umwelteinflüsse, der maßlose, den einzelnen korrumpierende Luxus, den Seneca immer geißelte. Dennoch bleibt das Scheitern seines Erziehungswerks Senecas persönliche Tragödie. Ob es ihn tröstete, daß auch Platon bei den beiden Herrschern von Sizilien, Dionysios I. und II., gescheitert, ja nur knapp dem Tode entgangen war? Dennoch mußte es schmerzlich für ihn sein, daß sein Zögling zum Monstrum geworden war. Was mochte er empfinden bei all den Grausamkeiten, von denen die Quellen berichten, Exzesse, deren Ausmaß nur für ahnungslose Gemüter vor unserer Zeit unvorstellbar und damit anzuzweifeln war – Seneca, der wie kaum ein anderer in der Antike seine Stimme erhob gegen jede Art von Rücksichtslosigkeit und Brutalität gegenüber Sklaven, Gefangenen in der Arena, ja gegenüber Tieren![175] «Es ist der größte Schmerz im Menschenleben, in vieles Einsicht zu haben, aber über nichts Gewalt», sagt bei Herodot einer der persischen Führer, der König Xerxes in dem unseligen Zug nach Griechenland begleiten muß.[176] Seneca hatte auch davor gewarnt, durch Grausamkeit und Terror einen verhängnisvollen Kreislauf in Gang zu setzen: *Ein solcher Herrscher hat bald Feindschaft, Haß, Gift und Schwert auf den Fersen. So viele, wie er bedroht, werden zur Bedrohung für ihn selbst. So wird er bisweilen durch Anschläge von einzelnen, sonst aber durch öffentliche Empörung überwältigt.*[177] Auch dies bewahrheitete sich nun. Es bildete sich eine Widerstandsbewegung, die sogenannte Pisonische Verschwörung.

C. Calpurnius Piso, aus altadliger Familie, war schon im Jahre 62 einer Verschwörung verdächtigt worden. Nun trat er an die Spitze derer, die Nero nicht mehr ertragen konnten. Piso war allgemein beliebt; er stellte seine Beredsamkeit in den Dienst angeklagter Mitbürger, war freigebig und leutselig, kein strenger Moralist, sondern dem Luxus keineswegs abgeneigt: ein Typus des moderaten Epikureers, wie Petron, der arbiter elegantiarum, Neros maître de plaisir.[178] Piso gefiel den Leuten, sagt Tacitus, denn da sie selbst das Wohlleben liebten, wollten sie keinen allzu strengen Herrn über sich haben. Man dachte also nicht mehr daran, die Republik wiederherzustellen, sondern nahm das künftige Wahlkaisertum vorweg.

Zu den Verschwörern gehörten nicht nur Angehörige aus der Nobilität, gegen die Nero besonders wütete – er sprach in Caligulas Manier davon, den gesamten Senatorenstand auszurotten –, sondern Männer und Frauen aus allen Ständen, auch Soldaten. Sie hatten sich von der rebellierenden Britannierkönigin Boudicca verhöhnen lassen müssen, sie seien keine Soldaten, sondern Sklaven eines Schmierenkomödianten! Neben mehreren Tribunen und Zenturionen schloß sich Faenius Rufus, der Präfekt der Prätorianergarde, den Verschwörern an. Er wurde trotz seiner Tüchtigkeit und seines guten Rufes zugunsten seines Kollegen Tigellinus zurückgesetzt, weil dieser Neros Untaten förderte. Lucan war vom Kaiser aus Eifersucht an der Veröffentlichung seiner Dichtung gehindert worden; der Kaiser und der Dichter mußten zwangsläufig Feinde werden, da das Werk mit dem Helden Cato ein Fanal gegen Tyrannenmacht war. Auch von Neros engsten Freunden nahmen einige an Pisos Plänen teil.

Tacitus nennt Seneca nicht unter den Verschwörern, ebensowenig wie übrigens Thrasea Paetus, den er als virtus ipsa, die Tugend selbst, bezeichnet. Cassius Dio zufolge waren Seneca und Faenius Rufus die Häupter der Verschwörung. Doch wenn sich Piso scheute, den Kaiser als Gast in seiner Villa zu morden, so hatte Seneca sicher grundsätzliche Bedenken, Hand an seinen ehemaligen Schüler zu legen. Als Freund Pisos und anderer Teilnehmer war er jedoch zwangsläufig Mitwisser, seiner Überzeugung nach auch Sympathisant. Er hatte selbst öfter die stoische Ansicht vom Tyrannenmord formuliert: Wenn einer so heillos schlecht ist, daß ihm anders nicht mehr zu helfen ist, dann soll man ihm und allen anderen durch seinen Tod eine Wohltat erweisen.[179]

Durch die Aktivität einer Frau, der Freigelassenen Epicharis[180], trat die Verschwörung nach längerem Zögern in ihr entscheidendes Stadium. Bei dem Versuch, in Misenum einen Flottenkapitän zu gewinnen, wurde Epicharis verhaftet. Nun beschlossen die Verschworenen, rasch zu handeln und den Kaiser bei den Zirkusspielen zu töten. Durch den Verrat eines Sklaven, den das Verhalten seines Herrn mißtrauisch gemacht hatte, wurde die Verschwörung entdeckt. Während Natalis, einer der Anführer, angesichts der Folterwerkzeuge die Namen seiner Mitverschworenen preisgab, ergriff die schwer gefolterte, standhaft schweigende Epicharis eine Gelegenheit zum Selbstmord. Natalis nannte auch den Namen Senecas; dieser hatte einen Besuch Pisos abgelehnt und zu Natalis gesagt, es sei für sie beide besser, von zu häufigen Zusammenkünften abzusehen. Im übrigen aber hinge sein Heil von dem Pisos ab[181]: eine Äußerung, die lediglich bedeuten konnte, daß er – ob schuldig oder unschuldig – in eine Katastrophe Pisos hineingerissen werden würde, wie es dann auch geschah. In der nun folgenden Säuberungswelle verurteilte Nero auch Seneca zum Tode; er war ja schon lange bestrebt, den unbequemen Mahner aus dem Weg zu räumen, der ihm ein lebender Vorwurf war.

Verhöre und Hinrichtungen füllten Tage und Nächte. Der Tribun Subrius Flavus antwortete auf Neros Frage, wie er denn seinen Fahneneid habe brechen können: «Ich haßte dich, aber keiner deiner Soldaten war dir treuer, solange du Liebe verdientest. Ich begann dich zu hassen, nachdem du zum Mörder deiner Mutter und deiner Gattin, zum Wagenlenker,

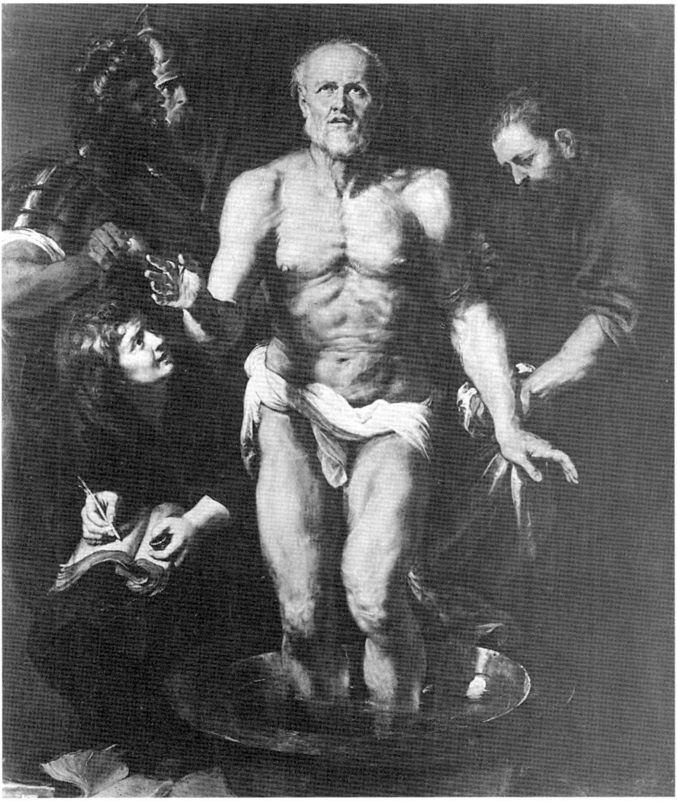

Der sterbende Seneca. Gemälde von Peter Paul Rubens, um 1611. München, Alte Pinakothek

Schauspieler und Brandstifter geworden warst.»[182] Von Nero befragt, warum er ihn habe ermorden wollen, entgegnete der Zenturio Sulpicius Asper, anders habe man all seinen Schändlichkeiten nicht abhelfen können. Während die Soldaten hingerichtet wurden, durften die Privatpersonen dem Todesbefehl zu Hause nachkommen.

Mortis arbitrium hieß diese kaiserliche Gnade, welche die schimpfliche Hinrichtung ersparte und die Hoffnung ließ, der Princeps werde das Testament respektieren. Meistens ließ man sich von einem eigens darauf spezialisierten Arzt (percussor) die Adern öffnen und verblutete dann. So starb Lucan, der dabei Verse seines Epos zitierte. Auch Piso öffnete sich die Adern.

Tacitus erzählt, freilich als fama, die Soldaten hätten im geheimen, doch nicht ohne Wissen Senecas, beschlossen gehabt, nach Neros Ermordung durch Piso auch diesen aus dem Wege zu räumen und Seneca zum Kaiser zu machen, «als ob ihre Schuld getilgt wäre, wenn sie einen durch seine Tugenden berühmten Mann zur höchsten Würde erhöben». Sogar ein Ausspruch des Subrius Flavus wurde verbreitet, die Schande sei nicht getilgt, wenn man den Leierspieler beseitige und durch einen Tragöden ersetze. Wie nämlich Nero zur Leier sang, so trat Piso im Kostüm des Tragödienschauspielers auf.[183] (Anstoß erregte es also nicht, wenn man Tragödien verfaßte, sondern wenn man sich unters fahrende Volk mischte.) Wenn es wirklich einen solchen Plan gegeben hat, so wäre Platons These vom Philosophenherrscher der Verwirklichung nahe gewesen. Doch statt des Thrones wartete auf Seneca der Tod.

Wie Tacitus sagt[184] (dessen Bericht wohl auf den mit Seneca befreundeten Geschichtsschreiber Fabius Rusticus zurückgeht), hielt er sich zufällig oder mit Bedacht in seinem Landhaus vor der Stadt auf. Er befand sich mit Pompeia Paulina und zwei Freunden beim Abendessen, als der Mordbefehl eintraf. Unerschrocken verlangte Seneca sein Testament. Der Anführer des Kommandos verbot, es ihm zu geben. Daraufhin wandte sich Seneca an seine Freunde und erklärte, da man ihn hindere, sich ihnen gegenüber dankbar zu erweisen, hinterlasse er ihnen das einzige, aber auch das Wertvollste, was er besitze, das Bild seines Lebens: *imago vitae*. Wenn sie dies im Gedächtnis behielten, würden sie den Lohn treuer Freundschaft und den Ruf echter Tugend davontragen. Dann ermahnte er sie und fragte angesichts ihrer Tränen, wo denn die lang eingeübte Standhaftigkeit sei. Jeder kenne doch Neros Grausamkeit – was bleibe ihm denn noch übrig, nachdem er Mutter und Geschwister getötet habe, als auch noch seinen Lehrer und Erzieher zu morden! Dann umarmte er seine Gattin und forderte sie auf, sich ihrem Schmerz nicht auf Dauer hinzugeben, sondern in der Betrachtung seines aufs Ehrenvolle gerichteten Lebens Trost zu suchen. So hatte er einst Marcia über den Verlust ihres Sohnes getröstet. Paulina aber will mit ihm sterben, und Seneca, der die «einzig Geliebte» nicht als Opfer von Neros Grausamkeit zurücklassen will, stimmt zu.

Beide lassen sich die Pulsadern öffnen. Als bei Seneca das Blut nur stockend fließt, öffnet er sich noch die Adern an Beinen und Kniekehlen und bittet die Gattin, sich in ein anderes Zimmer zu begeben, damit nicht beide durch den Anblick der gegenseitigen Leiden die Fassung verlieren. Er diktiert seinen Schreibern noch eine längere Rede, die uns Tacitus leider nicht überliefert hat, denn, so meint er, sie sei ja im Wortlaut veröffentlicht und daher allgemein bekannt. Nero wurde durch Kuriere auf dem laufenden gehalten; um den Unwillen über seine Grausamkeit nicht noch mehr zu steigern, befahl er, Paulina am Sterben zu hindern. Also wurden ihr die Adern wieder verbunden und das Blut gestillt. Sie lebte

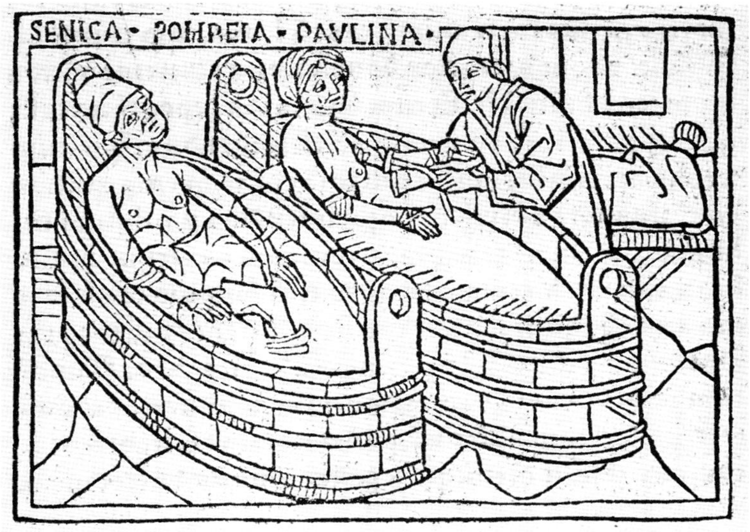

Tod des Seneca und seiner Gattin Pompeia Paulina.
Illustration eines Ulmer Holzschneiders zu Boccaccios «De claris mulieribus», 1473. München, Bayerische Staatsbibliothek

dann noch einige Jahre, ganz dem Gedächtnis des Gatten hingegeben. Seneca aber erhielt vom Schicksal Gelegenheit, in einem langen, qualvollen Sterben seine Standhaftigkeit zu beweisen. Er ließ sich schließlich einen Schierlingstrank reichen, das Gift, das Sokrates hatte trinken müssen, aber auch dieses versagte in dem schon erkaltenden Körper seine Wirkung. So stieg er in ein heißes Bad, um die Blutzirkulation anzuregen. Dabei besprengte er seine Sklaven mit den Worten, dieses Naß sei sein Opfer an Jupiter Liberator, den Befreier, der nicht nur die Sklaven, sondern auch ihn befreien werde. Aber Seneca starb noch nicht, und so machten die Soldaten schließlich kurzen Prozeß mit ihm: Sie schleppten ihn ins Dampfbad und ließen ihn dort ersticken, wie man es vorher mit Octavia und dann auch mit dem Konsul Vestinus machte. «Ohne jede Feierlichkeit wurde Seneca beigesetzt, so wie er es verfügt hatte, als er noch reich und mächtig war und doch schon für sein Ende Vorsorge traf.»[185] So schließt der Bericht des Tacitus, der dem Lebenden oft kritisch gegenüberstand, dem Sterbenden aber seine Achtung nicht versagen konnte.

Das Bild von Senecas Sterben ist nur eines in einer wahren Todesgalerie bei Tacitus, und im Zusammenhang gelesen, entkräften sich die oft erhobenen Vorwürfe eines inszenierten oder theatralischen Todes.

Anklänge an den Tod des Sokrates lassen sich übrigens ebenso beim Tode des Stoikers Thrasea Paetus konstatieren, ohne daß man diesem den Vorwurf der Theatralik gemacht hätte: Auch er führte philosophische Gespräche mit den Seinen und ermahnte sie (ebenso wie der sterbende Philosophenkaiser Julian Apostata 363 n. Chr.), und auch Thrasea opferte Jupiter Liberator, so wie Sokrates ein Opfer an Asklepios als Befreier verfügt hatte.[186] Manche Übereinstimmung ergab sich erst aus der Situation, wie der Schierlingstrank, der nicht als Tötungsmittel ausersehen war, anderes ist selbstverständlich, wie daß Seneca seine Freunde ermahnte und seine Gattin wegschickte. Er starb getreu seiner lebenslangen *meditatio mortis*; daß er sich dabei in einer geistigen Gemeinschaft mit Sokrates und sicher auch mit Cato fühlte, ist folgerichtig. Er hatte seine ihm vom Göttlichen auferlegte Rolle auf der Bühne des Lebens gespielt: *Wie bei einem Theaterstück, so kommt es auch im Leben nicht auf die Länge an, sondern wie gut es gespielt wird. Es tut nichts zur Sache, wo du aufhörst, gib nur dem Ganzen einen guten Schluß.*[187]

Drei Jahre später erfüllte sich Senecas Prophezeiung vom unausweichlichen Untergang des Tyrannen. Nicht der Anschlag einzelner, aber die öffentliche Empörung, der Aufstand des Vindex, führte Neros Sturz herbei. Verkleidet, auf der Flucht vor den Häschern, spielte er seine letzte Rolle und bedauerte, welch ein Künstler mit ihm dahinginge. *Nemo moritur nisi sua morte – Jeder stirbt seinen eigenen Tod.*[188]

Zu Senecas Nachleben

Seneca ist als Politiker, als philosophischer Schriftsteller und Moralist, als Tragödiendichter und als Stilist hervorgetreten: eine Persönlichkeit mit reichen Facetten, die großen Einfluß auf das Geistesleben der Nachwelt ausübte und Lob und Tadel gleichermaßen herausgefordert hat.

Als Stilist wurde er, schon zu Lebzeiten und bis in die Neuzeit, entsprechend einem klassizistischen oder modern-manieristischen Zeitgeschmack, entweder anerkannt oder abgelehnt. Seine Redeweise mit ihren kurzen, oft antithetischen Gliedern hatte schon Kaiser Caligula als Sand ohne Kalk, also ohne den abgerundeten Periodenbau ciceronischer Art, kritisiert. Tacitus räumte ein, daß Seneca den Geschmack seiner Zeit traf. Vor allem die Jugend schätzte ihn außerordentlich. Dagegen meldete der Redelehrer Quintilian (ca. 35–100) seine Bedenken an: Die

Quintilian.
Aus dem Chorgestühl des
Ulmer Münsters von
Jörg Syrlin d. Ä., 1469–1474

jungen Leute ahmen den brillanten, effektvollen Senecastil begeistert nach, der ja überreich ist an verführerischen Fehlern (dulcibus vitiis), bringen dabei aber nur oberflächliche, affektierte Imitationen hervor. Daher muß er vor dem «Modeschriftsteller» Seneca warnen, obwohl er manche Vorzüge an ihm findet, wie sein entschiedenes Auftreten gegen Laster und Unmoral. Aber er hat sein Talent zuwenig gezügelt: «Velles eum cum suo ingenio dixisse, alieno iudicio – Man wünschte, er hätte mit dem ihm eigenen Talent, aber mit dem Urteilsvermögen eines anderen gesprochen.»[189]

Die später immer wieder auftretende Antithese der Literaturgeschichte: ingenium – iudicium, eigenschöpferisches Talent, Genie, gegen regelhaftes, an verstandesmäßiges Urteil gebundenes Kunstverständnis, hat hier, am Beispiel Senecas, einen Ausgangspunkt. Da Senecas Stil untrennbar ist vom Ethos und Pathos seiner Persönlichkeit und vom hocherhitzten Klima seiner Zeit, läßt er sich nur schwer in schulmäßige Kategorien einordnen. So wurde er nicht nur von den Klassizisten des ersten, sondern auch von den Archaisten des zweiten Jahrhunderts abgelehnt, die restaurativ einen schlichten, altertümelnden Stil pflegten und auf Autoren wie den älteren Cato zurückgriffen. Der Redelehrer Fronto (dessen Schüler Marc Aurel sich von ihm ab- und der Philosophie zuwandte) sowie der antiquarische Gelehrte Gellius verurteilten Senecas Redeweise als abgeschmackt, redselig und spitzfindig. Freilich mußten sie seinem sittlichen Ernst Anerkennung zollen.

Dies galt auch für die Folgezeit, in der das Christentum zur Bestärkung der eigenen Lehre die Gemeinsamkeiten mit dem heidnischen Gedankengut, speziell mit der stoischen Ethik, betonte. Bei allen Unterschieden, wie dem Bereich der Transzendenz, den Begriffen von Sünde und Gnade, gab es doch viele Übereinstimmungen, wie die Ergebung des Menschen in den göttlichen Willen, Prüfung durch das Leiden, Verbundenheit der Menschen untereinander, dazu die Begriffe des Gewissens und des guten Willens, die Gesinnung bei Wohltaten, die Praxis der Gewissenserforschung. Sowohl christlich wie stoisch waren der Appell, sich von der Welt abzuwenden und sich auf sein Inneres zurückzuziehen, und die grundsätzliche Weisung, das Gute zu tun und das Böse zu meiden.

Seneca konnte hierfür als Kronzeuge dienen: «Seneca saepe noster – der oft wie einer von uns spricht», wie es der Kirchenvater Tertullian (ca. 160–220) ausdrückte.[190] Auch Laktanz (um 300) schätzte ihn hoch und betonte den Einklang vieler Gottesaussagen Senecas mit dem christlichen Glauben. Als «Beinahe-Christ» wurde er vom heiligen Hieronymus (um 348–420) sogar in den Katalog frommer Autoren aufgenommen, auch aufgrund eines für echt gehaltenen Briefwechsels mit dem Apostel Paulus. Von seinem Bruder Gallio konnte Seneca von Paulus erfahren haben (vgl. o. S. 10), und letzterer schrieb aus Rom an die Philipper: «Es grüßen euch alle Gläubigen, zumal die aus des Kaisers

Haus» (Phil. 4,22). Seneca erklärt in diesen Briefen, er wolle Nero mit der christlichen Botschaft bekannt machen. Die Fiktion ist in der Tat bestechend: Was wäre gewesen, wenn sich die beiden großen Geister des Jahrhunderts, ähnlich in ihrem hohen geistigen Elan, ihrem Sendungsbewußtsein, bis hin zu ihren gemeinsamen Metaphern von Kampf und Wettstreit, kennengelernt und den Kaiser mit ihrer feurigen Beredsamkeit für eine wohlwollende Duldung des Christentums gewonnen hätten? Ströme von Blut wären nicht geflossen, so aber starben beide zur gleichen Zeit als Märtyrer für ihre Überzeugung.

Wegen seiner Affinität zum Christentum ist Seneca als Moralphilosoph im Mittelalter präsent; in Florilegien werden seine Sentenzen mit Spruchweisheiten aus der Bibel verbunden. In seinem Heimatland war er el sabio, der Weise. In Dantes «Göttlicher Komödie» erscheint er zusammen mit Cicero als Seneca morale.[191] Auch die *Naturales quaestiones* wurden studiert, so von Roger Bacon im 13. Jahrhundert. Im Humanismus gehörte er neben Cicero zu den geistigen Autoritäten, die sogar ihren Platz im Kirchenraum fanden, wie am Ulmer Chorgestühl. Als man

Seneca. Aus dem Chorgestühl des Ulmer Münsters von Jörg Syrlin d.Ä., 1469-1474

damals größere historische und biographische Kenntnisse gewann (man unterschied wieder den älteren vom jüngeren Seneca), entdeckte man das Menschliche oder Allzumenschliche an den antiken Autoritäten. Petrarca verfaßte wie an Cicero so auch an Seneca einen Brief, in dem er diesem kleinliche Eitelkeit und Ruhmsucht vorwarf. Man erfuhr aber nun eingehender als zuvor von Senecas politischer und erzieherischer Tätigkeit und sah ihn in der Folgezeit als Muster höfischer Weltklugheit und als Verkünder der Herrschertugenden. In Calderóns Drama «Der Traum ein Leben» (La vida es sueño, 1635) will König Basilius ein Diener seines Staates sein, so wie Spaniens Seneca (el Séneca español) gesagt habe, ein König sei der niedere Sklave seines Reiches – ein Anklang an *De clementia*.

Die großen Werkausgaben des Erasmus in Basel (1515 und 1529) zeigen Senecas Bedeutung, obwohl Erasmus den Briefwechsel mit Paulus (in der Nachfolge Lorenzo Vallas) als gefälscht erkennt und Senecas Stil zugunsten Ciceros abwertet. Auf Erasmus geht die Bezeichnung goldene und silberne Latinität für die Zeitalter Ciceros und Senecas zurück.[192] 1583 verfaßte der in den Niederlanden wirkende Humanist Justus Lipsius in Senecas Nachfolge die Schrift «De constantia» und wurde zum bedeutendsten Vertreter des Neustoizismus. Im Einklang mit den christlichen Glaubenswahrheiten, auf der Basis eines moralischen Rationalismus, entstand eine an Seneca und Epiktet orientierte autonome Lebenslehre, eine Laienethik. Der Neustoizismus sollte die Christen gleich welcher Konfession vereinigen, gegen Glaubensstreitigkeiten und doktrinäre religiöse wie staatliche Autoritäten. Zum Freundeskreis von Lipsius gehörte auch Peter Paul Rubens. In seinem Gemälde «Die vier Philosophen» mit der Büste Senecas im Hintergrund und in seinem «Sterbenden Seneca» offenbart sich seine Verehrung des römischen Stoikers, dessen Lehre für ihn eine Lebenshilfe in schwerer Zeit war. Auch der französische Schriftsteller und Philosoph Michel de Montaigne (1533–1592) lebte mit Seneca. Aus seinem Geist heraus schrieb er seine «Essais», eine moderne Version der Briefe an Lucilius, beispielhaft für die französischen Moralisten.

Senecas Methodik der Seelenleitung wird im Christentum weitergeführt, wie von Thomas von Kempen (1380–1471), der ihn in seiner «Nachfolge Christi» zitiert[193], und von Ignatius von Loyola (1491–1556) in seinem Exerzitienbuch, den «Geistlichen Übungen».

Die Tragödien wurden im Humanismus neu herausgegeben und beeinflußten in der Folgezeit das Schuldrama sowohl der Jesuiten wie der Reformation. In Italien ließ sich Albertino Mussato zum ersten weltlichen Drama der Neuzeit anregen («Ecerinis», über den Tyrannen Ezzelino, um 1315). In England wurden Senecas Dramen (Ten Tragedies, 1581) auf englisch bekannt und wirkten auf das elisabethanische Theater. Shakespeare scheint in vielen szenisch-dramaturgischen Formen direkt

Die vier Philosophen. Gedenkbild von Peter Paul Rubens, um 1611.
Von links: Rubens, sein Bruder Philipp, Justus Lipsius, Jan van der Wouwere, dahinter eine Büste Senecas. Florenz, Palazzo Pitti

oder indirekt von Seneca angeregt; dieser wird im «Hamlet» beim Auftritt der Schauspieler als exemplarischer Tragödiendichter genannt (II 2).

Das klassische französische Drama von Racine und Corneille steht unter Senecas Einfluß, ebenso das deutsche Barockdrama. Martin Opitz übersetzte 1625 unter dem Eindruck des Dreißigjährigen Krieges die

Troerinnen, Daniel Casper von Lohenstein (1635–1683) verfaßte die Trauerspiele «Agrippina» und «Epicharis».

Die aufkommende Griechenbegeisterung seit dem 18. Jahrhundert und die damit verbundene Abwertung des Römischen minderte auch Senecas Ansehen. Er war als Philosoph kein «Originalgenie», und seine Tragödien besaßen keine «edle Einfalt und stille Größe», wie sie Winckelmann an den Griechen pries. August Wilhelm Schlegel behauptete, die Tragödien seien «durch die widersinnigsten Unschicklichkeiten empörend und so von aller theatralischen Einsicht entblößt, daß ich glaube, sie waren nie dazu bestimmt, aus den Schulen der Rhetoren auf die Bühne hervorzutreten»[194]. Obwohl dieses Urteil von einem ästhetisch höchst begrenzten Kunstverständnis zeugt und auf dem Fehlurteil beruht, in Rhetorenschulen seien Tragödien verfaßt oder vorgetragen worden[195], hat es zu der bis heute (vor allem im deutschen Raum) vertretenen Ansicht von Senecas «Lesedramen» geführt. Die Theaterarbeit im Sinne einer «experimentellen Philologie», wie sie Wilfried Stroh in der Nachfolge Wolfgang Schadewaldts versteht, beweist freilich im Gegenteil, wieviel Seneca nicht dem Wort, sondern der gestisch-szenischen Realisation zugewiesen hat.

Senecas Philosophie galt im 19. Jahrhundert vielfach als nur abgeleitet, aus zweiter Hand. Dennoch war er ein Lieblingsautor Arthur Schopenhauers, der seinen Satz: *Velle non discitur – Wollen läßt sich nicht lernen*[196] aufnahm und sich mit Themen wie Askese, Abkehr von den Dingen der Außenwelt, Befreiung durch den Tod beschäftigte.

In jüngster Zeit entdeckt man die antike Philosophie, speziell die Stoa, neu als eine Lebensform, die «eher formen als informieren» wollte (Pierre Hadot[197]). Statt einer Kathederwissenschaft, auf den theoretischen Diskurs weniger Fachleute beschränkt, soll Philosophie wie in der Antike wieder Lebenslehre werden, als die wiederbelebte sokratische «Sorge um sich» (Michel Foucault[198]), vielleicht als die Leitwissenschaft der Zukunft. Seneca, erprobt als Seelenführer zivilisationsgeschädigter Mitmenschen, kann hier Weggenosse sein.

Anmerkungen

Autorennamen mit Erscheinungsdatum finden sich ausführlich zitiert in der Bibliographie, dort sind auch die Abkürzungen aufgeführt.

1 F. Nietzsche, Werke in 6 Bänden, hg. von K. Schlechta, München 1980, Bd. 4, S. 991: «Streifzüge eines Unzeitgemäßen»
2 Vgl. P. Grimal (1978) 37 ff.; G. Maurach (1991) 15 f.
3 L. Annaei Senecae Patris Oratorum et Rhetorum Sententiae Divisiones Colores ed. H. J. Müller. Hildesheim 1963: Contro–versiarum Lib. I 7,15
4 Apg. 18,12–17
5 Juv. 6,434–456; Martial 2,99; (Consolatio) ad Helv(iam) – Trostschrift an die Mutter Helvia 17,3; 14,2 f.
6 Vgl. Cic. Pro Archia 26; Sen. d. Ä. Contr. 1, praef. 16
7 Vgl. M. Rozelaar (1976) S. 56 ff.
8 Ep. (= Epistulae ad Lucilium – Briefe an Lucilius) 78,3; 110,14 ff.
9 Ep. 108,4
10 De ira III 36; Ep. 64,2 ff.
11 Ep. 64,7
12 Ep. 20,2
13 Aus der Tragödie «Atreus» des Accius, vgl. Sueton Caligula 30
14 Sen. De ira III 19,2; Suet. Cal. 30; C. D. (= Cassius Dio) 59,13,6; vgl. 59,30,1
15 C. D. 59,19,7 f.; Suet. Cal. 53,2
16 Ep. 78,6
17 Tac. Ann. 13,42, vgl. u. S. 32; 73
18 Tac. Ann. 4,34; Suet. Tib. 61,3
19 Quintilian, Inst(itutio) or(atoria) – Ausbildung des Redners X 1,104; Suet. Cal. 49
20 De const. (De constantia sapientis – Von der Standhaftigkeit des Weisen)18,3 f.
21 Siehe die Stammtafel des Julisch-Claudischen Herrscherhauses S. 144/45 (nach Seneca, Apocolocyntosis, Reclam-Ausgabe)
22 C. D. 60,8,5; Suet. Claud. 29; Schol. ad Juv. 5,109 (P. Wessner, Scholia in Juvenalem vetustiora. Leipzig 1931)
23 Vgl. M. Giebel, Ovid. Reinbek 1991 (rowohlts monographien Nr. 460), S. 104–108. Vgl. auch R. Hochhuth, Julia oder der Weg zur Macht. Berlin 1995
24 Ovid Tristien II 103 ff.
25 Tac. Ann. 11,27
26 Ad Polyb. 13,3
27 Tac. Ann. 13,42
28 Tac. Ann. 14,63
29 N. Q. (= Naturales Quaestiones) Prooem. IV 15
30 Ann. 11,12
31 Ad Polyb. 13,2
32 Ep. 3, Anth. Lat. 237, bei V. Sørensen (1995) S. 107
33 Pomponius Mela, Kreuzfahrt durch die alte Welt, zweispr. Ausg. von K. Brodersen. Darmstadt 1994, II § 123, vgl. auch § 122

34 Alkaios 24c D
35 An M. Caelius, Cic. Ep. ad fam. (Briefe an die Freunde) 2,14(12),2 (Tusculum-Ausgabe)
36 Vgl. M. Giebel, Ovid (1991) S. 109ff.
37 Ad Helv. 6,3f.
38 Ad Helv. 6,5; 7,9. 9,3
39 Vgl. Cic. Tusc(ulanische Gespräche) III 75ff. sowie auch die Trostbriefe Cic. ad fam. 4,4 (3); 5 (dazu M. Giebel, Cicero, Reinbek 1977, rowohlts monographien Nr. 261, S. 104f.); Sen. Ep. 99
40 C. D. 61,10,3, vgl. Grimal (1978), S. 191
41 Cic. Tusc. V 2,5. Vgl. M. Giebel, Cicero S. 107ff.
42 Vgl. Cicero, Drei Reden vor Caesar, hg. von M. Giebel. Stuttgart [2]1980 (Reclam-Ausgabe), Rede für M. Marcellus 27ff.
43 Ad Pol. 13,3, vgl. o. S. 32
44 De ira II 34,5
45 Tac. Ann. 4,75
46 Tac. Ann. 12,8
47 Vgl. Anm. 22
48 Vgl. Cic. De off. I 47f.: Pflicht der Dankbarkeit, aus der menschlichen Gemeinschaft abgeleitet; Sen. de beneficiis I 1,2: eine undankbare Gesinnung ist eine schwerwiegende Fehlhaltung.
49 Suet. Nero 7
50 Tac. Ann. 12,66f.; C. D. 61,34; Plin. Nat. hist. 2,89–94; Martial 1,20
51 Suet. Aug. 100; C. D. 56,46
52 De clem. I 10,3
53 Tac. Ann. 13,3
54 Der Titel bei C. D. 60,35,3
55 Apocol. 4,1–3 (Übers. A. Bauer). Die Drastik stammt aus dem Arsenal der Kyniker, vgl. Ep. 91,19
56 Julian Caes. 310 C
57 Tac. Ann. 12,37; 13,5
58 Ad Helv. 14,2
59 Tac. Ann. 12,64 Ende
60 Vgl. das erste Gedicht des Calpurnius Siculus und das zweite der sog. Carmina Einsidlensia sowie den Neropreis am Anfang der «Pharsalia» des Lucan. Weiteres bei O. Weinreich (1923) S. 42ff.
61 Vgl. I. Brender, Christoph Martin Wieland. Reinbek 1990, S. 77ff. (rowohlts monographien 475)
62 Vgl. M. Giebel, Ovid (1991), S. 37f.
63 Plutarch, Cato der Jüngere 66, vgl. M. Giebel, Cicero (1977) S. 100f.
64 Cic. rep. II 29,51
65 De clem. I 4,3; I 5,1 (vgl. auch Tac. Hist. I 16,1: Galba-Rede)
66 Endoxos douleia: (bei Aelian, Varia 2,20: dt. Bunte Geschichten, hg. von H. Helms, Leipzig 1990) – *summae magnitudinis servitus: clem.* I 8,3, folg. I 8,5; I 9,1ff.; I 5,4f.; II 1,2
67 De clem. I 8,4; I 1,6; II 2,2; II 1,2
68 De clem. I 5,4f.
69 De clem. I 19,5
70 De clem. I 19,9
71 Vgl. Velleius Paterculus II 126 (über Tiberius)
72 Vgl. Aurelius Victor, Liber de Caesaribus V 1–4; Epitome de Caesaribus V 1–5
73 Ann. 13,2; vgl. auch C. D. 61,4
74 Vgl. hierzu bes. P. Grimal (1978) S. 104–128; sowie M. Rozelaar (1976) S. 286ff., G. Maurach (1991) S. 38–40; P. Veyne (1993) S. 37
75 Vgl. C. D. 61,4,1
76 Ann. 13,11
77 Suet. Cal. 11; das folg. Tac. Ann. 13,11
78 Tac. Dial. 20
79 De rerum natura – Von der Natur 1,935ff; 4,11ff.
80 12 Dialogi im Codex Ambrosianus, mit *De ira*, aber ohne *De clementia*
81 Horaz nimmt das Element der Diatribe in seinen Satiren auf.
82 Vgl. bes. Grimal (1978) S. 185–229; K. Abel (1967) S. 155–169, eine tabellarische Übersicht S. 170
83 Nr. 10, 7, 2, 9 im Codex Ambrosia-

nus; ob die Anordnung auf die Antike, gar auf Seneca selbst zurückgeht, ist fraglich, dazu Abel (1967) S. 92 f.

84 *De brevitate vitae* wurde als Bildschirmschoner aufbereitet (Hansers Literarischer Zeitvertreib, München 1995).

85 Bekenntnisse Buch XI, vgl. K. Flasch, «Was ist Zeit?» Augustinus von Hippo. Das XI. Buch der Confessiones. Frankfurt a. M. 1993. Vgl. auch Sen. Ep. 1

86 De brev(itate vitae) 3,1; 3,4 f.

87 De brev. 7,10

88 De brev. 16,1. Übers. Josef Feix

89 De brev. 20,3 f.

90 De tranq(uillitate animi) 1,16

91 Vgl. z. B. O. Höffe, Personale Bedingungen eines sinnerfüllten Lebens. Eine ethisch-philosophische Erkundung. In: Sucht. Ein Massenphänomen als Alarmsignal. Hg. von J. Eisenburg. Düsseldorf 1988, S. 137–166. Viktor E. Frankl siehe ebd. S. 91

92 Blaise Pascal, Pensées Nr. 139 (Über die Religion und über einige andere Gegenstände [Pensées]), hg. von E. Wasmuth. Heidelberg 1963, S. 77

93 Vgl. U. Knoche, Magnitudo animi. Untersuchungen zur Entstehung und Entwicklung eines römischen Wertgedankens. In: Philologus Suppl. 27, 3, 1935 = U. Knoche, Vom Selbstverständnis der Römer. Gymn. Beiheft 2, 1962, S. 31–98

94 Senecas Bruder gewidmet, der nun nach seiner Adoption Gallio heißt (vgl. o. S. 10), nicht mehr Novatus wie als Adressat von *De ira*. – Zur modernen Glücksdiskussion vgl. P. Veyne (1993) S. 60 ff. und die Lit. in der Reclam-Ausg. S. 97

95 Vgl. Ep. 64,7 f.; 84. – Zu Epiktet (um 55–135, phrygischer Sklave, dann Freigelassener, Schüler des Musonius) vgl. sein «Handbüchlein zur Moral», gr.-dt. hg. von K. Steinmann. Stuttgart (Reclam) 1992; sowie «Wege zum glücklichen Leben», dt. von W. Capelle, Nachw. M. Fuhrmann. Frankfurt a. M. 1995 (Insel-Clip 1). – Marc Aurel, Selbstbetrachtungen, hg. von A. Wittstock. Stuttgart (Reclam) 1956 u. ö.

96 Vgl. Epikur. Briefe. Sprüche. Werkfragmente. Griech.-dt. hg. von H.-W. Krautz. Stuttgart (Reclam) 1985, z. B. Brief an Menoikeus 131 f.; Sprüche 33; 77

97 L. Marcuse, Philosophie des Glücks (1949). Zürich 1972, S. 102 ff.

98 Tac. Ann. 14,53 Ende

99 Tac. Ann. 13,42

100 Aus dem Holz des nordafrikanischen Zitrusbaumes, einer Thujenart, vgl. Cass. Dio 61,10,3. – Zu Senecas Reichtum und seinen Geldgeschäften im Rahmen der römischen Gesellschaft vgl. P. Grimal (1978) S. 9; 108–128; P. Veyne (1993) S. 25 ff.

101 Juv. Sat. 5,109; Martial 4,40; 12,36

102 Dem Freund Aebutius Liberalis (vgl. Ep. 91) aus Lugdunum (Lyon) gewidmet, vielleicht dort zur Rezitation bestimmt. Ein Zusatz in Ep. 81. – Zur Datierung vgl. P. Grimal (1978) S. 214. Eine Übersicht des Werkes bei M. von Albrecht (1994) S. 927, vgl. auch G. Maurach (1991) S. 100–110

103 Der Alltag des Klienten wird satirisch geschildert bei Juvenal, vgl. M. Giebel (1995) S. 145–161

104 Cic. de off. I 42 ff., vgl. auch Sen. Ep. 81

105 II 29; IV 4–8; VI 23. Zum Thema Mensch und Natur vgl. auch Plinius d. Ä., Naturalis historia 7,1, dazu M. Giebel (1995) S. 172 ff.

106 De prov. 2,9 ff., vgl. Horaz Oden III 3,7 f. – Zum Tode Catos in

Utica 46 v. Chr. vgl. Plutarch, Cato 66–72; Appian Bell. civ. 2,98 f.; C. D. 43 10 f.; Sen. Ep. 24,6 ff.; 67,13; 70,19; 71,17

107 Minucius Felix, Octavius 36,8; 37,1; Paulus 1. Kor. 4,9

108 AT Sprüche 3,11 f.; NT Römer 5,3 f.; Hebr. 12,6 ff.; 1. Petr. 4,12 ff.

109 Vgl. die letzten Worte des Augustus, Suet. Aug. 99, Epiktet Kap. 17 und Marc Aurels «Selbstbetrachtungen» 11,6 und den Schluß

110 Suet. Cal. 60

111 Vgl. Ä. Bäumer (1982) S. 166–181; W. Rutz (Hg.), Lucan. Darmstadt 1970 (WdF Bd. 235)

112 Zu Hercules und Cato vgl. De const. 2

113 Hor. Ep. II 1,166 (Brief an Augustus)

114 Z. B. O. Zwierlein (1966); dagegen im einzelnen M. Rozelaar (1976) S. 486–540; L. Braun (1982), grundsätzlich W: Stroh/B. Breitenberger (1994) mit Lit. – Vgl. auch u. S. 132

115 C. D. 61,17,3. – Tac.: Ann. 11,13; 13,21; 14,7; vgl. auch Plin. Ep. 7,17,11

116 Inst. or. X 1,97–100

117 W. Stroh/B. Breitenberger (1994) S. 249

118 Suet. Nero 21,3

119 Vgl. M. Giebel, Ovid (1991), S. 63; M. Fuhrmann, Die Funktion grausiger und ekelhafter Motive in der lateinischen Dichtung. In: H. R. Jauß (Hg.), Die nicht mehr schönen Künste. Poetik und Hermeneutik 3. München 1968, S. 23–66

120 Vgl. u. a. P. Grimal (1978) S. 302 ff. mit Lit. sowie M. von Albrecht (1994) S. 927 Anm. 2

121 Vgl. Tac. Ann. 14,52: Seneca habe mehr carmina gedichtet, seit Nero Freude am Dichten bekommen habe.

122 Vgl. hierzu W. Schetter in E. Lefèvre (Hg.), WdF 310, S. 444 f.

123 Jean-Paul Sartre, Die Fliegen. Reinbek 1986, S. 76

124 Eur. Med. 1080 f.; Hipp. 378 ff., vgl. Ovid Met. 7,18 ff. (Medea)

125 Nr. 269 Frg. 83 bei W. Capelle (Hg.), Die Vorsokratiker, Stuttgart 1953. S. 464

126 Vgl. auch Ep. 75,12; 85,6–15; 106,6

127 Vgl. o. S. 67 f.

128 Vgl. E. Lefèvre in WdF 310, S. 350: Hippolytos' Haltung als «Folge einer affektiven Grundeinstellung».

129 Vgl. De tranq. an. 2,13

130 Hierzu gehört die genaue Angabe 707 ff., eine textimmanente Bühnenanweisung, wie sie sich auch in der griechischen Tragödie findet und die nicht gegen eine Aufführung spricht. «Implicit stage directions» bei D. F. Sutton (1986). Vgl. auch das Nachwort von B. W. Häuptli zur «Medea», Stuttgart 1993 (Reclam-Ausgabe) S. 139

131 Wichtig dazu die anonym überlieferte Lobschrift auf Piso: Laus Pisonis, hg. von A. Seel, Diss. Erlangen–Nürnberg 1969

132 Die Argo, das erste Schiff, symbolisiert in den Chorliedern einen Bruch mit dem Naturzustand, vgl. V. Sørensen (1995) S. 244; 246. – Die Stelle im Chorlied 374 ff.: *Es wird kommen die Zeit, wo Thule nicht mehr das Ende der Welt ist*, ist auf dem Columbus-Denkmal in Madrid zu lesen. Der Sohn des Columbus hatte in seinem Exemplar der Seneca-Tragödien vermerkt, daß diese Prophezeiung von seinem Vater erfüllt worden sei. Vgl. E. Schäfer, Lateinische Literatur der frühen Neuzeit über Amerika und die Indianer. In: Gymn. 100,

1993, S. 325. Vgl. hier Abb. S. 93

133 Her. 12; Met. 7,1–424

134 Medea, 3. Akt 1523 ff.

135 Horaz hatte in der Ars Poetica gefordert, Medeas Kindermord dürfe nicht auf der Bühne geschehen (185 ff.).

136 Angeregt vielleicht durch Ovid, Her. 12,164

137 So 1994 von Jean-Pierre Vincent in Nanterre.

138 Vgl. die Tragödieninterpretation von Ä. Bäumer (1982) S. 130 ff.

139 In Latein am Institut für Klassische Philologie der Universität München in Zusammenarbeit mit der Sodalitas LUDIS LATINIS faciundis e. V., vgl. W. Stroh/ B. Breitenberger (1994). Auf italienisch wurden *Die Troerinnen* 1981 im Theater von Segesta und 1982 in Catania aufgeführt, vgl. F. Amoroso (1984) S. 19

140 De ira II 10,1

141 Ep. 75,16; De ira III 26,3 ff.

142 Tac. Ann. 14,2; Suet. Nero 28,2; C. D. 61,11,4

143 C. D. 61,4,2–5

144 De ben. VII 20,3

145 Tac. Ann. 14,1

146 Tac. Ann. 14,7. Agrippinas Ende: Ann. 14,1–12; C. D. 61,11–14; Sueton, Nero 34

147 Tac. Ann. 14,9

148 Tac. Ann. 12,42

149 Tac. Ann. 13,14

150 Tac. Ann. 14,11; Quint. Inst. or. VIII 5,18

151 Tac. Ann. 14,52; das folgende: 14,53–65: C. D. 62,13

152 Vgl. Suet. Nero 39,2; C. D. 61,16,2

153 Tac. Ann. 14,52; Oct. 589

154 Nordöstlich von Rom, beim heutigen Mentana; das Gut ist nicht lokalisierbar.

155 Vgl. die Prooemien von De div. B. 2, De off. B. 2

156 Sieben beziehungsweise acht Bücher (bei Teilung in 4a und 4b)

157 N. Q. III 1,1– III 26,5 f.

158 Z. B. im ersten Buch der Tusculanen. Vgl. auch G. Stahl WdF 414, bes. S. 282 ff. – Eine ethische Ausrichtung findet sich auch in der Naturgeschichte (Naturalis historia) des Plinius, vgl. M. Giebel (1995) S. 170 ff.

159 Geschichte der Farbenlehre, 2. Abt., Nachtrag. Goethes Werke, Hamburger Ausg. Bd. 14, S. 43–46

160 N. Q. IV Prooem. 15 ff.

161 Vgl. P. Zanker, Die Maske des Sokrates. Das Bild des Intellektuellen in der antiken Kunst. München 1995, S. 191 f.

162 Vgl. M. Rozelaar (1976) S. 127 ff.

163 Tac. Ann. 15,45; 14,65; Ep. 24,1

164 Ep. 96,5

165 Ep. 21,10; Cic. De fin. I 65, vgl. auch Cic. Ep. ad fam. 15,19,2 f.

166 Epikur (s. Anm. 96) Sprüche 52

167 Ep. 21,5; 8,2 f.: 48,8; vgl. Lukrez, De rer. nat. Prooemien 3,5,6

168 Ep. 89,13

169 Suet. Nero 37,1, vgl. auch Tac. Ann. 16,21 ff.

170 Vgl. M. Giebel (1995) S. 118 ff.

171 Ep. 31,11

172 Ad Marc. 20; De prov. 2,12 (o. S. 76)

173 Ep. 24,25 f.

174 De tranq. an. 4,6

175 Vgl. De ira II 26,5; De clem. I 16,4 f.

176 Her. IX 16

177 De clem. I 25,3. – Die Pisonische Verschwörung bei Tac. Ann. 15,48–74. Senecas Tod: 60–65; C. D. 62,24 f.

178 Der Tod des Petronius Ann. 16,19, vgl. auch M. Giebel (1995) Kap. 7. – Boudicca: C. D. 62,6,5

179 De ira I 15,1 f.; I 16; De ben. VII 20,3. Vgl. auch Cic. De off. III 32

180 Vgl. Tac. Ann. 15,51; 57

181 Tac. Ann. 15,60
182 Tac. Ann. 15,67 f.
183 Tac. Ann. 15,65; Juvenal 8,211 f. – Zu Piso vgl. Anm. 131
184 Tac. Ann. 15,60
185 Tac. Ann. 15,64
186 Ann. 16,35; Platon Phaidon 118
187 Ep. 77,20. Vgl. den Schluß der «Selbstbetrachtungen» Marc Aurels. – Neros Tod Suet. Nero 48 ff.; C. D. 63,28 f.
188 Ep. 77,20; 69,6. – Zu Neros Tod vgl. Martin Walser, Nero läßt grüßen oder Selbstporträt des Künstlers als Kaiser. Eggingen 1989
189 Quint. Inst. or. X 1,125–131, vgl. dazu O. Seel, Quintilian oder Die Kunst des Redens und Schweigens. München 1987, S. 198–219 (zu Fronto und Gellius S. 219–230); M. von Albrecht (1995) S. 149 ff.
190 Vgl. auch für das folg. W. Trillitzsch (1971) S. 126; 363; 143. – Der Briefwechsel mit Paulus: ebd. S. 379–383. Dt. bei: A. Schindler (Hg.): Apokryphen zum Alten und Neuen Testament. Zürich ^{4}1990, S. 561–577 (Manesse Bibl. d. Weltlit.)
191 Inf. 4,141
192 Vgl. M. Fuhrmann, Klassik in der Antike. In: Literarische Klassik, hg. von H.-J. Simm. Frankfurt a. M. 1988, S. 114 f.
193 Sen. Ep. 7,1 in Buch 1, Kap. 20. – Vgl. P. Rabbow (1954)
194 Vorlesungen über dramatische Kunst und Literatur (1809) 1. Kritische Schriften u. Briefe 5, hg. v. E. Lohner. Stuttgart u. a. 1966, 15. Vorlesung, S. 243
195 Vgl. W. Stroh / B. Breitenberger (1994) S. 249 und o. S. 82
196 Ep. 81,13, vgl. W. Abendroth, Schopenhauer. Reinbek 1967 (rowohlts monographien Nr. 133), S. 80
197 P. Hadot (1991) S. 10
198 Vgl. Michel Foucault, Die Sorge um sich. Sexualität und Wahrheit. Bd. 3, Frankfurt a. M. ^{3}1993, bes. das 2. Kap.: Die Kultur seiner selber; W. Schmid, Auf der Suche nach einer neuen Lebenskunst, Frankfurt a. M. 1991; P. Hadot (1991) S. 177–181: Ein unvollendetes Gespräch mit Michel Foucault

Zeittafel

4/1 v. Chr.	Lucius Annaeus Seneca in Corduba geboren
19. August 14 n. Chr.	Tod des Augustus. Regierungsantritt des Tiberius: Julisch-Claudische Dynastie
um 13–19	Philosophische Studien Senecas in Rom
um 25–31/32	Seneca in Ägypten
34–35 (?)	Seneca Quaestor
16. März 37	Tod des Tiberius. Regierungsantritt des Caligula
15. Dezember 37	Geburt Neros in Antium
um 39/40	*Trostschrift an Marcia.* Todesdrohung Caligulas
24. Januar 41	Ermordung Caligulas. Regierungsantritt des Claudius
12. Februar 41	Geburt des Britannicus, Sohn des Claudius und der Messalina
41–49	Seneca in der Verbannung auf Korsika: *Trostschriften an Helvia, an Polybius. De ira*
Herbst 48	Tod Messalinas
Januar 49	Vermählung des Claudius mit Agrippina
Frühjahr 49	Rückberufung Senecas, Ernennung zum Erzieher und Lehrer Neros
25. Februar 50	Adoption Neros durch Claudius. Seneca Praetor
53	Heirat Neros und Octavias, der Tochter des Claudius
13. Oktober 54	Claudius' Tod. Regierungsantritt Neros. *Apocolocyntosis*
Februar 55 (?)	Tod des Britannicus
56	*De clementia.* Seneca Konsul, Führung der Regierungsgeschäfte mit dem Prätorianerpräfekten Burrus. Beginn der Tragödiendichtung (?)
58	Vorwürfe des Suillius gegen Seneca. *De vita beata*
Ende März 59	Ermordung Agrippinas
62	Tod des Burrus. Ofonius Tigellinus, sein Nachfolger, und Poppaea Sabina üben beherrschenden Einfluß auf Nero aus. Verstoßung und Tod Octavias. Seneca bietet Nero seinen Rücktritt an
62–65	Seneca lebt zurückgezogen: *De otio, Naturales Quaestiones, Briefe an Lucilius*
Juli 64	Brand Roms
April 65	Aufdeckung der Pisonischen Verschwörung. Tod Senecas

68	Aufstand des Vindex. Neros Tod. Ende der Julisch-Claudischen Dynastie
68/69	Vierkaiserjahr, Bürgerkrieg
69–96	Die Flavische Dynastie: Vespasian, Titus, Domitian
96–180	Wahl- oder Adoptivkaisertum: Der Beste soll zum Kaiser bestimmt werden (Nerva, Trajan, Hadrian, Antoninus Pius, Marc Aurel)

Zeugnisse

Plinius der Ältere
Seneca, damals der Erste an Gelehrsamkeit wie an Macht, die schließlich, allzu groß geworden, über ihm zusammenstürzte.

Naturalis historia – Naturkunde (77 n. Chr.)

Quintilian
Wäre er nicht in all seine Einfälle so verliebt gewesen, hätte er seine gewichtigen Themen nicht in möglichst knappe Sentenzen zerstückelt, dann würde er eher durch die einmütige Anerkennung gebildeter Männer anstatt durch die Schwärmerei von Knaben Anerkennung finden.

Institutio oratoria – Ausbildung des Redners (95 n. Chr.)

Fronto
Zwar meinen einige: Es finden sich in seinen Schriften doch kluge Aussprüche, auch so manch Bedeutendes. – Es werden bisweilen auch Silberstücke in den Kloaken gefunden: Werden wir uns deshalb zum Reinigen der Kloaken verdingen?

De orationibus epistula – Brief über Redeweisen (um 165 n. Chr.)

Laktanz
Er hätte ein echter und wahrer Verehrer Gottes sein können, wenn ihm nur jemand Gott gezeigt hätte.

Divinae institutiones – Religionslehre (um 300 n. Chr.)

Erasmus von Rotterdam
Seneca und Plato mache dir zu Hausgenossen; wenn sie mit dir reden, dann lassen sie dich nicht in niedergeschlagener Stimmung.

Brief an Peter Gilles (1516)

Julius Caesar Scaliger
Seneca [als Tragödiendichter] ist meiner Meinung nach keinem der Griechen an Erhabenheit unterlegen; an Feinheit und Glanz des Ausdrucks ist er sogar größer als Euripides.

Poetices libri septem – Sieben Bücher über die Dichtkunst (1561)

Michel de Montaigne
Brauche ich stärkende Gedanken gegen die Todesfurcht, so leihe ich sie mir bei Seneca.

Essais (1580)

Gotthold Ephraim Lessing
Klopffechter im Kothurne können höchstens nur bewundert werden. Diese Benennung verdienen alle Personen der sogenannten Senecaschen Tragödien, und ich bin der festen Meinung, daß die gladiatorischen Spiele die vornehmste Ursache gewesen, warum die Römer in dem Tragischen noch so weit unter dem Mittelmäßigen geblieben sind... Das tragischste Genie, an diese künstliche Todesszenen gewöhnet, mußte auf Bombast und Rodomontaden verfallen.

Laokoon oder Über die Grenzen der Malerei und Poesie (1766)

Georg Wilhelm Friedrich Hegel
In Seneca ist mehr Erast und Bombast moralischer Reflexion als wahrhafte Gediegenheit.

Vorlesungen über die Geschichte der Philosophie (1818)

Friedrich Nietzsche
Seneca et hoc genus omne
Das schreibt und schreibt sein unaussteh-
lich weises Larifari,
als gält' es primum scribere,
Deinde philosophari.

Lieder und Sinnsprüche aus der Fröhlichen Wissenschaft (1882)

Theodor Mommsen
Die anmutige Form seiner Schriften erregt heute noch Vergnügen, auch wenn sie ohne Inhalt sind.

Römische Kaisergeschichte (1882/83)

Leopold von Ranke
Seneca hat den Versuch gemacht, dem schrankenlosen Despotismus den Charakter einer Monarchie zu geben.

Weltgeschichte (1883)

Eduard Norden
Die von Natur pomphafte Art der rigorosen Stoa hat im Charakter sowohl des Menschen Seneca, der Rhetor und Philosoph in einer Person war, als des Stilisten, der abseits vom großen Haufen wandelnd das Ungewöhnliche, Packende, ja Raffinierte durch Zusammendrängung langer Gedankenreihen in sensationelle Pointen suchte, einen Ausdruck erhalten, der seinen Schriften eine Stellung in der Weltgeschichte des menschlichen Denkens eingetragen hat.

Antike Kunstprosa (1909)

Egon Friedell
Seneca war ein größerer Philosoph als Paulus, und doch stellen wir diesen unvergleichlich höher. Denn der arme Seneca argumentierte und deklamierte zwar sehr

profund und packend über Menschenliebe und stoische Bedürfnislosigkeit, aber das war der eine Seneca, der philosophische: der andere Seneca, der Seneca des Lebens, war der skrupellose Geldmacher und Millionär, der liebedienerische Genosse neronischer Verbrechen.

Kulturgeschichte der Neuzeit (1927–31)

Peter Hacks
Es spricht für Seneca, daß er nicht dauernd maßvoll war. Seneca war Stoiker stets nur so lange, als es ihm nicht tunlicher erschien, irgend etwas anderes zu sein. Ich kann Seneca sehr gut leiden.

Seneca-Essai (1977)

Heiner Müller
Was dachte Seneca (und sagte es nicht)
Als der Hauptmann von Neros Leibwache stumm
Das Todesurteil aus dem Brustpanzer zog
Gesiegelt von dem Schüler für den Lehrer
(Schreiben und Siegeln hatte er gelernt
Und die Verachtung aller Tode statt
Des eignen goldne Regel aller Staatskunst)...

Senecas Tod (1978)

STAMMTAFEL

Ti. Claudius Nero — 1. verh. mit — Livia Drusilla — 2. verh. mit —
† 33 v.

Livia Drusilla
(Iulia Augusta)
58 v.–29 n.

2. verh. mit
17. Jan 38 v.

TIBERIUS
Claudius Nero
42 v.–37 n.
verh. mit 1. Vipsania
Agrippina
2. Iulia (I.)

(aus 1. Ehe)

Nero Claudius
Drusus (I.)
38 v.–9 v.
verh. mit Antonia Minor,
Tochter d. M. Antonius
u. d. Octavia

Drusus (II.) Caesar
15 v.–23 n.
verh. mit Livilla

Germanicus
Caesar
15 v.–19 n.
verh. mit
Agrippina (I.)

Livilla † 31 n.
verh. mit
1. C. Caesar
2. Drusus (II.)

CLAUDIUS
10 v.–54 n.
verh. mit
1. Urgulanilla
2. Aelia Paetina
3. Val. Messalina
4. Agrippina (II.)

Iulia (III.)
3/4–43 n.
verh. mit
1. Nero Caesar
2. C. Rubellius
Blandus

Tiberius Gemellus
19–38 n.
und Germanicus
Gemelius
19–23 n.

Nero Caesar
6–31 n.
verh. mit
Iulia (III.)

Drusus (III.)
Caesar
7/8–33 n.
verh. mit
Aemilia
Lepida

C. Octavius
verh. mit Atia

AUGUSTUS
63 v.–14 n.

Octavia
verh. mit

1. M. Claudius Marcellus
† 40 v.

2. M. Antonius,
Triumvir
† 30 v.

Iulia (I.)
39 v.–14 n.
verh. mit
1. M. Marcellus
2. M. Vipsanius Agrippa (63 v.–12 v.)
3. Tiberius

M. Claudius Marcellus
43 v.–23 v.
verh. mit
Iulia (I.)

Antonia Maior *39 v.
verh. mit
L. Domitius Ahenobarbus

Antonia Minor
38 v.–39 n.
verh. mit
Drusus (I.)

Cn. Domitius Ahenobarbus
verh. mit
Agrippina (II.)

(aus d. Ehe m. Agrippa)

Gaius Caesar
20 v.–4. n.
verh. mit Livilla

Iulia (II.)
19/18 v.–28 n.
verh. mit
L. Aemilius Paulus

Lucius Caesar
17 v.–2 n.

Agrippina (I.)
14/13 v.–33 n.
verh. mit
Germanicus Caesar

Agrippa Postumus
12 v.–14 n.

C. Caesar = CALIGULA
12–41 n.

Agrippina (II.)
15–59 n.
verh. mit
1. Cn. Domitius Ahenobarbus
3. Claudius

Drusilla
16/17–38 n.
verh. mit
L. Cassius Longinus

Iulia Livilla
17/18–42 n.
verh. mit
M. Vinicius

(aus 1. Ehe)

L. Domitius Ahenobarbus = NERO
37–68 n.

Bibliographie

Abkürzungen:
ANRW = Aufstieg und Niedergang der römischen Welt. Geschichte und Kultur Roms im Spiegel der neueren Forschung. II. Teil: Principat. Hg. von W. Haase. Berlin–New York 1980ff.
AU = Der altsprachliche Unterricht, Stuttgart
Gymn. = Gymnasium. Zeitschrift für Kultur der Antike und humanistische Bildung, Heidelberg
WdF = Wege der Forschung, Wissenschaftliche Buchgesellschaft Darmstadt
Die Seneca-Artikel der Bände II 32.2 und II 36.3 des ANRW enthalten jeweils ausführliche Literaturangaben.

1. Neuere Forschungsberichte und Bibliographien

Bringmann, K.: Senecas ‹Apocolocyntosis›. Ein Forschungsbericht 1959–1982. In: ANRW 32.2 (1985) S. 885–914

Chaumartin, F.-R.: Quarante ans de recherche sur les œuvres philosophiques de Sénèque (Bibliographie 1945–1985). In: ANRW 36.3 (1989) S. 1545–1605

Hiltbrunner, O.: Seneca als Tragödiendichter in der Forschung von 1965–1975. In: ANRW 32.2 (1985) S. 969–1051

Motto, A. L./Clark, J. R.: Seneca philosophus. A critical bibliography 1900–1980. Scholarship on his life, thought, prose and influence. Amsterdam 1989

Suerbaum, W.: Zweiundvierzig Jahre Tacitus-Forschung. Systematische Gesamtbibliographie zu Tacitus' Annalen 1939–1980. In: ANRW 33,2 (1990) S. 1032–1476. Seneca: S. 1198–1202. Pisonische Verschwörung mit Ende Senecas: S. 1399–1402

2. Werke

2.1 Lateinische Ausgaben

Ad Lucilium Epistulae morales, ed. L. D. Reynolds. Vol. I u. II. London 1965, [7]1991 (Oxford-Ausgabe)

Dialogi, ed. L. D. Reynolds. London 1977 (Oxford-Ausgabe)

Tragoediae, ed. O. Zwierlein. London 1986 (Oxford-Ausgabe)

L. Seneca philosophi opera Vol. II. Naturalium quaestionum libri VIII, ed. A. Gercke. Leipzig 1907. NA ed. W. Schaub. Stuttgart–Leipzig 1986
L. Annaei Senecae Tragoediae. Rec. G. C. Giardina. 2 Bde. Bologna 1966
L. Annaei Senecae Divi Claudii Apocolocyntosis, ed. C. F. Russo. Florenz [6]1985
Seneca: Oedipus. Text, Materialien, Kommentar. [Auch zum Nachleben.] Hg. von B. W. Häuptli. Frauenfeld 1983 (Editiones Helveticae)

2.2 Zweisprachige Ausgaben

Seneca. Philosophische Schriften. Seneca-Studienausgabe. Lateinisch und deutsch. Lateinischer Text hg. von F. Préchac (Ausgabe Les Belles Lettres. Paris 1961 ff.). Übersetzt, eingeleitet u. mit Anmerkungen versehen von M. Rosenbach. 5 Bände. Darmstadt (Wiss. Buchgesellschaft) 1980/1999:
Bd. 1: Dialoge I–VI: Über die Vorsehung. Über die Standhaftigkeit des Weisen. Über den Zorn. Trostschrift an Marcia. [5]1995
Bd. 2: Dialoge VII–XII: Über das glückliche Leben. Über die Muße. Über die Seelenruhe. Über die Kürze des Lebens. Trostschrift an Polybius. Trostschrift an die Mutter Helvia. [4]1993
Bd. 3: An Lucilius. Briefe über Ethik 1–69. [4]1995
Bd. 4: An Lucilius. Briefe über Ethik 70–124. [2]1987
Bd. 5: Über die Milde. Über Wohltaten. Anhang: Essay über Seneca. Literaturverzeichnis. [2]1995
Seneca. Opera. Lat.-engl. 10 Bde. Cambridge (Mass.)–London 1972 u. ö. (The Loeb Classical Library)

2.3 Einzelausgaben der philosophischen Schriften lat.-dt.

L. Annaeus Seneca: Apocolocyntosis Divi Claudii. Lat.-dt., komm. u. hg. von A. A. Lund. Heidelberg 1994 (Wiss. Kommentare zu griech. u. lat. Schriftstellern)
L. Annaeus Seneca. Naturwissenschaftliche Untersuchungen. Lateinisch-deutsch [nach dem lateinischen Text der Collection Budé: P. Oltramare, Sénèque, Questions naturelles. Paris 1929. 2 Bde.] Hg. und übers. von M. F. A. Brok. Darmstadt 1995
Seneca: Naturales Quaestiones. Naturwissenschaftliche Untersuchungen. Lat.-dt. übers. u. hg. von O. und E. Schönberger. Stuttgart 1998
Seneca. Die kleinen Dialoge. Lateinisch-deutsch hg. u. übers. von G. Fink. Mit Einf. 2 Bde. München–Zürich 1992 (Sammlung Tusculum)
Seneca. Apocolocyntosis – Die Verkürbissung des Kaisers Claudius. Lat.-dt. hg. von A. Bauer. Stuttgart 1981
Seneca. De clementia – Über die Güte. Lat.-dt. hg. von K. Büchner. Stuttgart 1970
Seneca. De brevitate vitae – Die Kürze des Lebens. Lat.-dt. von F. P. Waiblinger. München [8]1994
Seneca. De brevitate vitae – Von der Kürze des Lebens. Lat.-dt. von M. Giebel. Stuttgart 2008
Seneca. De otio – Über die Muße. De providentia – Über die Vorsehung. Lat.-dt. von G. Krüger. Stuttgart 1996
Seneca. De tranquillitate animi – Über die Ausgeglichenheit der Seele. Lat.-dt. hg. von H. Gunermann. Stuttgart 1984

Seneca. De vita beata – Vom glücklichen Leben. Lat.-dt. hg. von F.-H. Mutschler. Stuttgart 1990
Seneca. Epistulae morales – Briefe an Lucilius über Ethik. Lat.-dt. hg. von F. Loretto, R. Rauthe u. H. Gunermann. Stuttgart 1977–2000.
Seneca. Epistulae ad Lucilium – Briefe an Lucilius. Lat.-dt. übers. u. hg. von G. Fink (Bd. I) und R. Nickel (Bd. II). Düsseldorf 2007/2009 (Sammlung Tusculum)

2.4 Einzelausgaben der Tragödien lat.-dt.

Seneca. Tragödien. Hercules furens. Trojanerinnen. Medea. Phaedra. Octavia. Lat.-dt. Übers. u. erläutert von Th. Thomann. München–Zürich ²1979
Seneca. Oedipus. Lat.-dt. hg. von K. Heldmann. Stuttgart 1974
Lucius Annaeus Seneca: Oedipus. Text, Übers. u. Komm. hg. von K. Töchterle. Heidelberg 1994 (Wiss. Kommentare zu griech. u. lat. Schriftstellern)
Seneca. Medea. Lat.-dt. hg. von B. W. Häuptli. Stuttgart 1993
Seneca. Thyestes. Lat.-dt. Übers. von D. Grünbein. Frankfurt a. M. 2002
Seneca. Phoenissen. Mit Einleit. u. Kommentar hg. von T. Hirschberg. Berlin–New York 1989 (Unters. zur antiken Literatur und Geschichte 31)

2.5 Neuere deutsche Übersetzungen

Lucius Annaeus Seneca. Philosophische Schriften. 4 Bde. Übers. u. hg. von O. Apelt. Nachdruck der Ausg. von 1923/24. Hamburg 1993
Seneca. Briefe an Lucilius. Übers. u. hg. von E. Glaser-Gerhard. 2 Bde. Reinbek ²1968
Seneca. Glück und Schicksal. Philosophische Betrachtungen. Von der Kürze des Lebens. Von der Ruhe des Gemüts. Vom glücklichen Leben. Von der Vorsehung. Von der Muße. Übers. von L. Rumpel, P. Jaerisch, G. Krüger u. M. Giebel. Hg. von M. Giebel. Stuttgart 2009
Seneca: Vom glückseligen Leben. Eine Auswahl aus seinen Schriften. Hg. von H. Schmidt u. J. Kroymann. Stuttgart ¹⁴1978
Seneca: Von der Ruhe der Seele und andere Essays. Übers. u. hg. von G. Fink. München 1991
Seneca. Von der Seelenruhe. Philosophische Schriften und Briefe. Übers. u. hg. von H. Berthold. Frankfurt a. M. 1990
Seneca für Gestresste. Sentenzen aus den Kleinen Dialogen. Hg. von G. Fink. München–Zürich 1993; Frankfurt a. M. 1995
Seneca-Brevier. Hg. und übers. von U. Blank-Sangmeister. Stuttgart 1996

3. Zur römischen Geschichte und Literatur

Albrecht, M. von: Geschichte der römischen Literatur. 2 Bde. München 1994
Balzer, W.: Anpassung und Widerstand im Rom Kaiser Neros. [Zu Paetus Thrasea bei Tacitus] In: AU 11/5, 1968, S. 91–108
Christ, K.: Geschichte der römischen Kaiserzeit. Von Augustus bis Konstantin. München ³1995

Dahlheim, W.: Geschichte der römischen Kaiserzeit. München [2]1989
Dorey, T. A. (Hg.): Empire and Aftermath. Silver Latin II. London–Boston 1975
Eck, W.: Agrippina, die Stadtgründerin Kölns. Eine Frau in der kaiserzeitlichen Politik. Köln [2]1993
Esser, A.: Caesar und die julisch-claudischen Kaiser im biologisch-ärztlichen Blickfeld. Leiden 1958
Flach, D.: Seneca und Agrippina im antiken Urteil. In: Chiron 3, 1973, S. 265–276
Fuhrmann, M.: Geschichte der römischen Literatur. Stuttgart 1999
Giebel, M.: Dichter Kaiser Philosophen. Ein literarischer Führer durch das antike Italien. Stuttgart 2007
– (Hg.): Sueton, Leben des Nero. Lat.-dt. Stuttgart [2]2001
Griffin, M. T.: Nero. The End of a Dynasty. London [2]2000
Heinz, K.: Das Bild Kaiser Neros bei Seneca, Tacitus, Sueton und Cassius Dio. Diss. Bern 1948
Heldmann, K.: Libertas Thraseae. Überlegungen zur Geschichtsauffassung im Spätwerk des Tacitus. In: Gymn. 98, 1991, S. 207–231
Henderson, B.: The Life and Principate of the Emperor Nero. London 1968
Heuss, A.: Römische Geschichte. Braunschweig [4]1976
Lefèvre, E.: Die Literatur der claudischen Zeit – Umbruch oder Episode? In: V. M. Strocka (Hg.): Die Regierungszeit des Kaisers Claudius, S. 107–117
Levick, B.: Claudius. London 1990
Maier, B.: Philosophie und römisches Kaisertum. Studien zu ihren wechselseitigen Beziehungen in der Zeit von Caesar bis Marc Aurel. Diss. Wien 1981
Malitz, J.: Nero. München 1999
Meise, E.: Untersuchungen zur Geschichte der Julisch-Claudischen Dynastie. München 1969 (Vestigia 10)
Morford, M. P. O.: Nero's Patronage and Participation in Literature and the Arts. In: ANWR II 32.3, S. 2003–2031
Murray, O.: The ‹quinquennium Neronis› and the Stoics. In: Historia 14, 1965, S. 41–61
Reitz, Chr.: Literatur im Zeitalter Neros. Darmstadt 2005
Schmidt, P. L.: Nero und das Theater. In: J. Blänsdorf (Hg.): Theater und Gesellschaft im Imperium Romanum. Tübingen 1990, S. 149–163
Smallwood, E. M.: Documents illustrating the Principates of Gaius, Claudius and Nero. Cambridge (Mass.) 1967
Suerbaum, W.: Zur Behandlung der Pisonischen Verschwörung (Tac. Ann. XV 48–74). In: In Klios und Kalliopes Diensten. Kleine Schriften, hg. von Chr. Leidl. Bamberg 1993, S. 69–112
Sullivan, J. P.: Literature and Politics in the Age of Nero. Ithaca–London 1985
Tresch, J.: Die Nerobücher in den Annalen des Tacitus. Heidelberg 1965
Warmington, B. H.: Nero: Reality and Legend. London 1969
Winterling, A.: Caligula. Eine Biographie. München 2003

4. Zur antiken Philosophie

Colish, M. L.: The Stoic Tradition from Antiquity to the Early Middle Ages. 2 Bde. Leiden [2]1990

Flashar, H. (Hg.): Die Hellenistische Philosophie. Bd. 4 in: F. Ueberweg (Hg.): Grundriß der Geschichte der Philosophie. Die Philosophie der Antike. Basel–Stuttgart 1994 (2 Halbbde.)
Forschner, M.: Die stoische Ethik. Darmstadt ²1995
Hadot, P.: Philosophie als Lebensform. Geistige Übungen in der Antike. Aus dem Frz. von I. Hadot u. Ch. Marsch. Berlin 1991
Held, K.: Treffpunkt Platon. Philosophischer Reiseführer durch die Länder des Mittelmeers. Stuttgart ²1990
Hossenfelder, M.: Die Philosophie der Antike 3: Stoa, Epikureismus und Skepsis. In: W. Röd (Hg.): Geschichte der Philosophie. München 1985, ⁴1996
–: Epikur. München 1991
Malitz, J.: Philosophie und Politik im frühen Prinzipat. In: Gymn., Beiheft 9, 1988, S. 151–179
Maurach, G.: Geschichte der römischen Philosophie. Eine Einführung. Darmstadt 1989, ³2006
– (Hg.): Römische Philosophie. Darmstadt 1976 (WdF Bd. 193)
Müffling, M. von: Amor sapientiae. Philosophie in Rom. Leistungskurs Latein. Donauwörth 1988 (Fundus Bd. 24)
Nickel, P.: Philosophie als Lebenshilfe. Seneca und Epikur. Freiburg 1982
– (Hg.): Stoa und Stoiker. Gr.-lat.-dt. 2 Bde. Düsseldorf 2008
Pohlenz, M.: Die Stoa. Geschichte einer geistigen Bewegung. 2 Bde. Göttingen ⁶1984
Rabbow, P.: Seelenführung. Methodik der Exerzitien in der Antike. München 1954
Reiner, H.: Die ethische Weisheit der Stoiker heute. In: Gymn. 76, 1969, S. 330–357
Weinkauf, W. (Hg.): Die Stoa. Kommentierte Werkausgabe. Augsburg 1994
– (Übers. u. Hg.): Die Philosophie der Stoa – Ausgewählte Texte. Stuttgart 2009
Wieland, W. (Hg.): Geschichte der Philosophie in Text und Darstellung. Bd. 1: Antike. Stuttgart 1978

5. Gesamtdarstellungen

Abel, K.: Seneca. Leben und Leistung. In: ANRW II 32.2, S. 653–775 [Lit. S. 770–775]
Albrecht, M. von: Wort und Wandlung. Senecas Lebenskunst. Leiden 2004 (Mnemosyne Suppl. 252)
Baier, Th./Manuwald, G./Zimmermann, B. (Hg.): Seneca – philosophus et magister. Freiburg 2005
Fitch, J. G.: Seneca. Oxford Readings in Classical Studies. Oxford 2008
Fuhrmann, M.: Seneca und Kaiser Nero. Berlin 1997
Griffin, M.: Seneca. A Philosopher in Politics. Oxford 1976
Grimal, P.: Seneca. Macht und Ohnmacht des Geistes. Aus dem Frz. von K. Abel. Darmstadt 1978 (Impulse der Forschung Bd. 24) [mit Lit.]
–: Sénèque et le Stoicisme Romain. In: ANRW II 36.3, S. 1962–1992
Hadot, I.: Seneca und die griechisch-römische Tradition der Seelenleitung. Berlin 1969 (Quellen und Studien zur Geschichte der Philosophie 13)
Inwood, B.: Reading Seneca. Stoic Philosophy at Rome. Oxford 2005
Krefeld, H.: Senecas Lehre vom Menschen. In: Gymn. 96, 1989 S. 376–384

–: Seneca und wir. Zugänge zur Aktualität seiner Lehre. Bamberg 1992 (Auxilia 31)
Maurach, G.: Senecas Humanismus. Herausforderung, Chance, Defizit. In: Gymn. 96, 1989, S. 366–375
–: Seneca. Leben und Werk. Darmstadt 1991, 3. durchges. Aufl. mit aktualisierter Bibliographie [auch zum Nachleben] 2000, [5]2007
– (Hg.): Seneca als Philosoph. Darmstadt [2]1987 (WdF Bd. 164)
Motto, A. L.: Seneca. New York 1973
Rieks, R.: Das neue universale Denken des Seneca. In: R. R.: Homo. Humanus. Humanitas. München 1967, S. 89–137
Rozelaar, M.: Seneca. Eine Gesamtdarstellung. Amsterdam 1976
Sallmann, K.: Seneca oder die Unverlierbarkeit der Freiheit. In: Klassische Autoren der Antike. Hg. von B. Kytzler. Frankfurt a. M.–Leipzig 1992, S. 374–383
Sørensen, V.: Seneca. Ein Humanist an Neros Hof. Aus dem Dän. von M. Wesemann. München [3]1995
Veyne, P.: Weisheit und Altruismus. Eine Einführung in die Philosophie Senecas. Aus dem Frz. von H. Fliessbach. Frankfurt a. M. 1993
–: Seneca. The Life of a Stoic. London 2002
Volk, K. / Williams, G. D.: Seeing Seneca Whole. Leiden 2006
Wildberger, J.: Seneca und die Stoa. Der Platz des Menschen in der Welt. 2 Bde. Berlin 2006 (Untersuchungen zur antiken Literatur und Geschichte 84)

6. Einzelthemen

6.1 Zu den philosophischen Werken

Abel, K.: Seneca De brevitate vitae: Datum und Zielsetzung. In: Gymn. 72, 1965, S. 308–327
–: Bauformen in Senecas Dialogen. Heidelberg 1967
–: Das Problem der Faktizität der senecanischen Korrespondenz. In: Hermes 109. 1981, S. 472–499
Adam, T.: Clementia Principis. Der Einfluß hellenistischer Fürstenspiegel auf den Versuch einer rechtlichen Fundierung des Principats durch Seneca. Stuttgart 1970 (Kieler Histor. Studien 11)
Adomeit, K.: Seneca erzieht Nero zur Güte. In: K. A.: Antike Denker über den Staat. Heidelberg u. a. 1982, S. 157–165
Atkinson, J. E.: Seneca's ‹Consolatio ad Polybium›. In: ANRW II 32.2, S. 860–884
Bäumer, Ä.: Die Bestie Mensch. Senecas Aggressionstheorie. Frankfurt a. M. 1982 (Studien zur klass. Philol. 4)
Binder, G.: Hercules und Claudius. Eine Szene in Senecas Apocolocyntosis auf dem Hintergrund der Aeneis. In: Rheinisches Museum 117, 1974, S. 288 bis 317
–: Der Sklave Claudius. Senecas Apocolocyntosis und ihr Komödien-Finale. In: AU 34/4, 1991, S. 54–67
Blänsdorf, J. / Breckel, E.: Das Paradoxon der Zeit. Zeitbesitz und Zeitverlust in Senecas Epistulae morales und De brevitate vitae. Freiburg–Würzburg 1983 (Heidelberger Texte Didakt. Reihe 13)
–: Seneca über Macht und Menschlichkeit. In: Humanismus und Politik. Hg. von E. Olshausen. Stuttgart 1983, S. 103–151

Brinckmann, W.: Der Begriff der Freundschaft in Senecas Briefen. Köln 1963
Bütler, H.-P./Schweizer, H. J.: Seneca im Unterricht. Heidelberg 1974 (Heidelb. Texte – Didakt. Reihe 7)
Cancic, H.: Untersuchungen zu Senecas Epistulae morales. Hildesheim 1967 (Spudasmata 18)
Dahlmann, H.: Seneca und Rom. In: Prinzipat und Freiheit. Hg. von R. Klein. Darmstadt 1969, S. 256–270 (WdF Bd. 135)
Döpp, S.: Claudius in Senecas Trostschrift an Polybius. In: Strocka, V. M. (Hg.): Die Regierungszeit des Kaisers Claudius..., Mainz 1994, S. 295–306
Freise, H.: Die Bedeutung der Epikur-Zitate in den Schriften Senecas. In: Gymn. 96, 1989, S. 532–556
Frings, U.: Seneca und Nero. Zur Lebenswirklichkeit im tyrannischen Staat. In: AU 16/3, 1973, S. 51–84
Fuhrmann, M.: Die Alleinherrschaft und das Problem der Gerechtigkeit (Seneca: De clementia). In: R. Klein (Hg.), Prinzipat und Freiheit. Darmstadt 1969, S. 271–320 (WdF Bd. 135)
Gauly, B. M.: Senecas Naturales Questiones – Naturphilosophie für die römische Kaiserzeit. München 2004 (Zetemata 122)
Gross, N.: Senecas Naturales Quaestiones. Komposition, naturphilosophische Aussagen und ihre Quellen. Stuttgart 1989 (Palingenesia 27)
Hachmann, E.: Die Führung des Lesers in Senecas Epistulae morales. Diss. Münster 1995 (Orbis antiquus 34)
Hengelbrock, Matthias: Das Problem des ethischen Fortschritts in Senecas Briefen. Hildesheim 2000 (Beitr. zur Altertumswiss. 13)
Inwood, B.: Seneca: Selected Philosophical Letters. Translated with an Introduction and Commentary. Oxford/New York 2007
Kassel, R.: Untersuchungen zur griechischen und römischen Konsolationsliteratur. München 1958 (Zetemata 18)
Kuen, G.: Die Philosophie als «dux vitae». Die Verknüpfung von Gehalt, Intention und Darstellungsweise im philos. Werk Senecas am Beispiel des Dialogs «De vita beata». Heidelberg 1994
Kurth, Th.: Senecas Trostschrift an Polybius. Ein Kommentar. Stuttgart–Leipzig 1994 (Beitr. zur Altertumskunde 59)
Lausberg, M.: Senecae operum fragmenta: Überblick und Forschungsbericht. In: ANRW II 36.3, S. 1879–1961
–: Cicero – Seneca – Plinius. Zur Geschichte des römischen Prosabriefes. In: Anregung 37, 1991, S. 82–100
Leeman, A. D.: Das Todeserlebnis im Denken Senecas. In: Gymn. 78, 1971, S. 322–333
Lefèvre, E.: Der Mensch und das Schicksal in stoischer Sicht. Senecas 51. und 107. Brief. In: AU 26/3, 1983, S. 61–73
–: Waren Philosophische Schriften Senecas zur Rezitation bestimmt? In: G. Vogt-Spira (Hg.): Strukturen der Mündlichkeit in der römischen Literatur. Tübingen 1990, S. 147–159 (ScriptOralia 19)
Manning, C. E.: On Seneca's «Ad Marciam». Leiden 1981
Mauch, M.: Senecas Frauenbild in den philosophischen Schriften. Frankfurt a. M. 1997 (Studien zur klassischen Philologie Bd. 106)
Maurach, G.: Der Bau von Senecas Epistulae morales. Heidelberg 1970
–: Tacitus und Rubens. Zwei Bilder von Senecas Tod. In: Gymn. 97, 1990, S. 507–525

Meinel, P.: Seneca über seine Verbannung. Trostschrift an die Mutter Helvia. Bonn 1972
Müller, H.: Senecas «Epistulae morales» im Unterricht. Göttingen 1994 (Consilia 12)
Obstoj, A.: Seneca und Epikur. Diss. Hannover 1989
Ossberger, J./Gleiss, R.: Seneca und die Naturphilosophie. In: Anregung 28, 1982, S. 361–371
Regenbogen, O.: Seneca als Denker römischer Willenshaltung. In: O. R.: Kleine Schriften, hg. von F. Dirlmeier. München 1961, S. 387–408
Reinhart, G./Schirok, E.: Senecas Epistulae morales. Zwei Wege ihrer Vermittlung. Bamberg 1988 (Auxilia 19)
Richter, W.: L. A. Seneca. Das Problem der Bildung in seiner Philosophie. Diss. München 1940
–: Seneca und die Sklaven. In: Gymn. 65, 1958, S. 196–218
Schönegg, B.: Senecas epistulae morales als philosophisches Kunstwerk. Bern u. a. 1999 (Europäische Hochschulschriften: Reihe 20, Philosophie; Bd. 578)
Setaioli, A.: Seneca e lo stile. In: ANRW II 32.2, S. 776–858
Stahl, G.: Die ‹Naturales Quaestiones› Senecas. Ein Beitrag zum Spiritualisierungsprozeß der römischen Stoa. In: G. Maurach (Hg.): Seneca als Philosoph. Darmstadt ²1987 (WdF Bd. 164), S. 264–304
Steinmeyer, H.: Der virtus-Begriff bei Cicero und Seneca. In: AU 17/2, 1974, S. 50–59
Stückelberger, A.: Senecas 88. Brief. Über Wert und Unwert der freien Künste. Text, Übers., Komm. Heidelberg 1965
Thraede, K.: Grundzüge griechisch-römischer Brieftopik. München 1970 (Zetemata 48)
Trillitzsch, W.: Senecas Beweisführung. Berlin 1962
Wacht, M.: Angst und Angstbewältigung in Senecas Briefen. In: Gymn. 105, 1998, S. 507–536
Waiblinger, F. P.: Senecas Naturales Quaestiones. Griechische Wissenschaft und römische Form. München 1977 (Zetemata 70)
Zöller, R.: Die Vorstellung vom Willen in der Morallehre Senecas. München 2003 (Beiträge zur Altertumskunde 173)

6.2 Zu den Tragödien

Amoroso, F.: Seneca – Uomo di teatro? Le Troiane e lo spettacolo. Palermo 1984
Anliker, K.: Prologe und Akteinteilung in Senecas Tragödien. Bern–Stuttgart 1960 (Noctes Romanae 9)
Beck, J. W.: «Octavia» Anonymi. Zeitnahe «praetexta» oder zeitlose «tragoedia»? Mit einem Anhang zur Struktur des Dramas. Göttingen 2004
Boyle, A. J.: In Nature's bond: A study of Seneca's Phaedra. in: ANRW II 32.2, S. 1284–1347
–: Tragic Seneca: an Essay in the Theatrical Tradition. London 1997
Braun, L.: Sind Senecas Tragödien Bühnenstücke oder Rezitationsdramen? In: Res Publica Litterarum V,1, 1982, S. 43–52
Brandt, J.: Argumentative Struktur in Senecas Tragödien. Eine Untersuchung anhand der ‹Phaedra› und des ‹Agamemnon›. Hildesheim u. a. 1986 (Beitr. zur Altertumswiss. 5)

Cancic, H.: Seneca und die römische Tragödie. In: Neues Handbuch der Literaturwiss., hg. von K. von See. Bd. 3. Römische Literatur, hg. von M. Fuhrmann. Darmstadt 1974, S. 251–260
Davis, P.: Shifting song. The chorus in Seneca's tragedies. Hildesheim 1993 (Altertumswiss. Texte u. Studien 26)
Dihle, A.: Senecas Aufführungspraxis. In: Antike und Abendland 29, 1983, S. 162–171
Dingel, J.: Senecas Tragödien: Vorbilder und poetische Aspekte. In: ANRW II 32,2, S. 1052–1099
Ferri, R.: Octavia. A Play attributed to Seneca. Edited with Introduction and Commentary. Cambridge 2003 (Cambridge Classical Texts and Commentaries)
Friedrich, W. H.: Untersuchungen zu Senecas dramatischer Technik. Leipzig 1933
Grewe, St.: Die politische Bedeutung der Senecatragödien und Senecas politisches Denken zur Zeit der Abfassung der Medea. Würzburg 2001 (Identitäten und Alteritäten Bd. 6)
Harrison, G. W. M. (Hg.): Seneca in Performance. London 2000
Heldmann, K.: Untersuchungen zu den Tragödien Senecas. Wiesbaden 1974 (Hermes Einzelschriften 31)
Henry D./E.: The Mask of Power. Seneca's Tragedies and Imperial Rome. Warminster–Chicago 1985
Janka, M.: Senecas «Phaedra». Des Dramas Kern und sein episch-elegischer Rahmen. In: Fugmann, J./Janka, M./Schmitzer, U./Seng, H. (Hg.): Theater, Theaterpraxis, Theaterkritik in der römischen Kaiserzeit. München–Leipzig 2004, S. 25–57
Kugelmeier, Chr.: Die innere Vergegenwärtigung des Bühnenspiels in Senecas Tragödien. München 2007 (Zetemata 129)
Lefèvre, E. (Hg.): Senecas Tragödien. Darmstadt 1972 (WdF Bd. 310) [mit Bibliographie]
–: Quid ratio possit? Senecas Phaedra als stoisches Drama. In: E. L. (Hg.): Senecas Tragödien. Darmstadt 1972, S. 343–375
– (Hg.): Das römische Drama. Darmstadt 1978
Liebermann, W.-L.: Studien zu Senecas Tragödien. Meisenheim 1974 (Beitr. zur Klass. Phil. 39)
Littlewood, C. A.: Self-Representation and Illusion in Senecan Tragedy. Oxford 2003
Motto, A. L.: Senecan Tragedy. Amsterdam 1988
Pötscher, W.: Das Schuldproblem in Senecas Tragödien. In: Hellas und Rom. Hildesheim 1988, S. 549–565
Regenbogen, O.: Schmerz und Tod in den Tragödien Senecas. Darmstadt 1963
Rosenmeyer, T. G.: Senecan Drama and Stoic Cosmology. Berkeley u. a. 1989
Schetter, W.: Senecas Oedipus-Tragödie. In: E. Lefèvre (Hg.), Senecas Tragödien. Darmstadt 1972, S. 402–449
Schweizer, H. J.: Zur Lektüre von Senecas Dramen. In: H.-P. Bütler/H. J. S.: Seneca im Unterricht. Heidelberg 1974, S. 74–119
Seeck, G. A.: Die Tragödien Senecas. In: E. Lefèvre (Hg.), Das römische Drama. Darmstadt 1978, S. 378–426
Seidensticker, B.: Die Gesprächsverdichtung in den Tragödien Senecas. Heidelberg 1969
Stroh, W./Breitenberger, B.: Inszenierung Senecas. In: A. Bierl/P. von Möllen-

dorff (Hg.): Orchestra – Drama – Mythos – Bühne. Festschrift für H. Flashar. Leipzig–Stuttgart 1994, S. 248–269

Sutton, D.: The dramaturgy of the Octavia. Königstein/Ts. 1983 (Beitr. zur Klass. Phil. 149)

–: Seneca on the stage. Leiden 1986

Tschiedel, H. J.: Phaedra und Hippolytus. Variationen eines tragischen Konflikts. Bonn 1969

Whitman, L. Y.: The Octavia. Introduction, text and commentary. Bern–Stuttgart 1978

Wiener, C. (Hg.): Stoische Doktrin in römischer Belletristik. Das Problem von Entscheidungsfreiheit und Determinismus in Senecas Tragödien und Lucans «Pharsalia». München–Leipzig 2006 (Beiträge zur Altertumskunde 226)

Wilson, M. (Hg.): The Tragedy of Nero's Wife. Studies on the Octavia Praetexta. Auckland/New Zealand 2003 (Prudentia 35/1)

Zimmermann, B.: Seneca und der Pantomimus. In: G. Vogt-Spira (Hg.): Strukturen der Mündlichkeit in der römischen Literatur. Tübingen 1990, S. 161–167 (ScriptOralia 19)

–: Seneca und die römische Tragödie der Kaiserzeit. In: Lexis 5/6, 1990, S. 203–214

Zwierlein, O.: Die Rezitationsdramen Senecas. Mit einem kritisch-exegetischen Anhang. Meisenheim 1966 (Beitr. zur Klass. Phil. 20) [dazu Rez. von E. Lefèvre, in: Gnomon 40, 1968, S. 782–789; R. Rieks in: Poetica 1, 1967, S. 567–571]

7. Zum Nachleben

Barner, W.: Produktive Rezeption. Lessing und die Tragödien Senecas. München 1973

Bickel, E.: Seneca und der Seneca-Mythus. In: Das Altertum 5, 1959, S. 90–100

Blüher, K. A.: Seneca in Spanien. München 1969

Gelzer, Th.: Quintilians Urteil über Seneca. Eine rhetorische Analyse. In: Museum Helveticum 27, 1970, S. 212–223

Grünbein, D.: An Seneca. Postscriptum. Frankfurt a. M. 2004

Lefèvre, E.: Der Einfluß Senecas auf das europäische Drama. Darmstadt 1978

Merrifield, D. F.: Senecas moralische Schriften im Spiegel der deutschen Literatur des 18. Jh. In: Dt. Vierteljahresschrift für Literaturwiss. und Geistesgesch. 41, 1967, S. 528–546

Morford, M. P. O.: Stoics and Neostoics. Rubens and the circle of Lipsius. Princeton 1991

Nothdurft, K.-D.: Studien zum Einfluß Senecas auf die Philosophie und Theologie des 12. Jahrhunderts. Leiden 1963

Ross, G. M.: Seneca's philosophical influence. In: C. N. D. Costa (Hg.): Seneca. London–Boston 1974, S. 116–165

Rutz, W.: Stoa und Stahlbeton. Bemerkungen zur Seneca-Rezeption in Günter Grass' Roman «örtlich betäubt». In: Gymn. 89, 1982, S. 122–134

Sevenster, J. N.: Paul and Seneca. Leiden 1961

Trillitzsch, W.: Seneca im literarischen Urteil der Antike. 2 Bde. Amsterdam 1971 [mit Testimoniensammlung]

Wanke, Chr.: Seneca, Lucan, Corneille. Studien zum Manierismus der römischen Kaiserzeit und der französischen Klassik. Heidelberg 1964 (Studia Romanica 6)

Namenregister

Die kursiv gesetzten Zahlen bezeichnen die Abbildungen

Accius (Lucius A.) 81 f.
Acte 97
Aemilius Paullus 81
Agrippa (Marcus Vipsanius A.) 27
Agrippa Postumus (Marcus A. P.) 31, 35
Agrippina die Ältere (Vipsania A. maior), Gattin des Germanicus 28f., 33, 47, *47*
Agrippina die Jüngere (Julia A. minor), Mutter des Nero 26, 44, 47f., 53f., 59f., 97f., 100f., 104, *45, 47, 49, 54, 100f.*
Aischylos 85
Alexander (der Große) 45
Alkaios 36
Anicetus 98
Antigonos II. Gonatas 57
Antonia die Jüngere (A. minor) 23
Antonius (Marcus A.) 8f., 23, 31, 52
Apicius (Marcus Gavius A.) 38
Apollonios Rhodios 92
Aristoteles 13, 80, 107
Attalus 17f., 62
Augustinus (Aurelius A.) 65, 117
Augustus (Gaius Julius Caesar Divi Filius A.) bis 27 v. Chr. Octavian 8, 22f., 27ff., 46–49, 51f., 55f., 58, 60, 81, 99, 104
Ausonius (Decimus Magnus A.) 36

Bacon, Roger 129
Bias 69
Boethius (Anicius Manlius Torquatus Severinus B.) 117
Boudicca 121
Britannicus (Tiberius Claudius Caesar B.) 46ff., 97
Brook, Peter 85
Brutus (Lucius Junius B.), Begründer der Republik 81
Brutus (Marcus Junius B.), Caesarmörder 25, 39, 81
Burrus (Sextus Afranius B.) 59f., 97f., 100f.

Caelius (Marcus Caelius Rufus) 36
Caesar (Gaius Julius C., Divus Julius) 8, 25, 27, 39, 42, 48, 51, 56, 80, 104, 106
Calderón de la Barca, Pedro 130
Caligula (Gaius Julius Caesar Augustus Germanicus) 7, 20–27, 29f., 33, 45, 48, 51, 53, 58ff., 62, 79f., 84, 104, 109, 111, 119, 121, 127, *23*
Cancic, Hubert 113
Cassius (Gaius C. Longinus), Caesarmörder 25
Cassius Chaerea 26
Cassius Dio (Dio Cassius Cocceianus) 24, 26, 31, 40, 60, 73, 82, 92, 97, 172
Catilina (Lucius Sergius C.) 9
Cato der Ältere (Marcus Porcius Cato Censorius) 128
Cato der Jüngere (Marcus Porcius C. Uticensis) 19, 39, 56, 69, 80, 82, 122, 126, *78*
Chrysipp 15, 71
Cicero (Marcus Tullius C.) 8, 10, 15ff., 20f., 36, 40, 42, 50f., 56, 61, 63, 70f., 74, 106, 109, 112, 116, 129f., *9*
Claudius (Tiberius C. Nero Caesar) 27, 29–33, 42f., 45–51, 53ff., 83, *29, 47*
Corbulo (Gnaeus Domitius C.) 60
Corneille, Pierre 131
Cremutius Cordus (Aulus C. C) 25
Croft, Richard *57*
Curiatius Maternus 82

Dante (D. Alighieri) 68, 129
Demokrit 68, 88, 108

Diogenes 13, 72
Dionysios I. von Syrakus 121
Dionysios II. von Syrakus 121
Domitius Ahenobarbus (Gnaeus D. A.), Vater Neros 46
Drusilla 26
Drusus (Nero Claudius D. Germanicus), Bruder des Tiberius, Vater des Germanicus 27
Drusus (D. Julius Caesar), Sohn des Germanicus 29
Dürer, Albrecht 68

Ennius (Quintus E.) 20, 81
Epicharis 122
Epiktet 71, 130
Epikur 13, 19, 65, 71, 100, 111 f., 117, *72*
Erasmus von Rotterdam, Desiderius 130
Euripides 85 f., 88, 92, 94 f.

Fabius Rusticus 124
Faenius Rufus (Lucius F. R.) 122
Foucault, Michel 132
Frankl, Viktor E. 68
Freud, Sigmund 92
Fronto (Marcus Cornelius F.) 128

Gaetulicus (Gnaeus Cornelius Lentulus G.) 26
Galerius (Gaius G.) 11 f.
Gaius Caesar und Lucius Caesar, Söhne der Augustustochter Julia, Adoptivsöhne des Augustus 27
Gallio s. Novatus
Gellius (Aulus G.) 128
Germanicus (Julius Caesar G.) 21 f., 26–30, 32, 46 f., 100, *30, 47*
Goethe, Johann Wolfgang von 36, 109
Grillparzer, Franz 94 f.

Hadot, Ilsetraud 113
Hadot, Pierre 113, 132
Hegel, Georg Wilhelm Friedrich 76
Heldmann, Konrad 85
Helvia 10 f, 20, 32, 36–43, 54, 110
Herodot 121
Hieronymus 128
Holzberg, Niklas 56
Horaz (Quintus Horatius Flaccus) 19, 81, 89, 112

Ignatius von Loyola 130

Julia die Ältere, Tochter des Augustus 27 f., 31
Julia die Jüngere, Enkelin des Augustus 31, 34 f.
Julia Livila, Schwester des Caligula 26, 31 ff., 51
Julian Apostata (Flavius Claudius Julianus) 52, 126
Jupiter Optimus Maximus 23, 59
Juvenal (Decimus Junius J.) 10, 31, 88

Karneades 65
Kleanthes 15, 71, 77
Konstantin (der Große; Flavius Valerius Constantinus) 53
Krämer, Günter 85

Laktanz 128
Leibniz, Gottfried Wilhelm 76
Lepidus (Marcus Aemilius) 26
Lipsius, Justus 130, *131*
Livia (L. Drusilla), seit 14 n. Chr. Julia Augusta 27, 48
Livius Andronicus 81
Lohenstein, Daniel Casper von 132
Lucan (Marcus Annaeus Lucanus) 10, 40, 55, 80, 101, 122 f.
Lucilius (L. Junior) 19, 33, 71, 76, 106 f., 109–113, 115, 130
Lukrez (Titus Lucretius Carus) 62, 108, 112

Marc Aurel (Marcus Aurelius Antoninus) 16, 41, 53, 71, 111, 120, 128
Marcellus (Marcus Claudius M.) 39, 42
Marcia 25, 38, 124
Martial (Marcus Valerius Martialis) 10
Maurach, Gregor 113
Mausolos 80
Mela (Marcus Annaeus M.) 10
Menander 117
Menippos von Gadara 50
Messalina (Valeria M.) 7, 27, 30 ff., 34, 44, 46 f., 53, 109
Minucius Felix (Marcus M. F.) 77
Montaigne, Michel de 130
Monteverdi, Claudio 57, 104
Mucius Scaevola (Gaius M. S. Cordus) 70
Musonius (Gaius Musonius Rufus) 71
Mussato, Albertino 130

Naevius (Gnaeus N.) 81
Narcissus 54
Natalis (Antonius N.) 122
Nero (N. Julius Caesar), Sohn des Germanicus 29, 48, *49*
Nero, Kaiser (Claudius Caesar Augustus), bis 50 n. Chr. Lucius Domitius Ahenobarbus 7, 10, 25, 32, 34, 44, 46–55, 58 ff., 69, 72 f., 79, 82, 84, 92, 97–105, 111, 115, 120–124, 126, 129, *6, 54, 57, 61, 101*
Nietzsche, Friedrich 7, 62, 83, 111

Novatus (Lucius Annaeus N.), später Gallio (L. Junius G. Annaeanus) 10, 19, 44, 70, 101, 128

Octavia, Schwester des Augustus 31, 46
Octavia (Claudia O.), Tochter des Claudius, Gattin Neros 33, 43, 98, 101, 104, 125, *102, 103*
Otho (Marcus Salvius O.) 98
Ovid (Publius Ovidius Naso) 18, 31 f., 34 ff., 43 f., 56, 81, 83, 86, 94
Opitz, Martin 131

Pacuvius (Marcus P.) 81 f.
Panaitios von Rhodos 15, 38, 71
Pascal, Blaise 68
Passienus Crispus (Gaius P. C.) 34
Paulus, Apostel 10, 128, 130
Peeters, Harry *57, 105*
Petrarca, Francesco 68, 130
Petron (Gaius Petronius Arbiter) 50, 116, 121
Philipp II. von Spanien 70
Pilatus (Pontius P.) 10
Piso (Gnaeus Calpurnius), Statthalter Syriens 28
Piso (Gaius Calpurnius P.), Haupt der Pisonischen Verschwörung 111, 121–124
Platon 13, 63, 76, 114, 121, 124, *15*
Polybius 32, 34, 42 ff., 51
Pompeia Paulina 40, 116, 124, *125*
Pompeius (Gnaeus P. Magnus) 80
Pompeius Paulinus 66 f., 80
Pomponius Mela 35
Pomponius Secundus 82
Poppaea Sabina 97, 101, 104 f.
Poseidonios von Apameia 15, 71, 107
Pythagoras 18

Quintilian (Marcus Fabius Quintilianus) 44, 82, 127, *127*

Rabbow, Paul 113
Racine, Jean 91, 131
Regulus (Marcus Atilius R.) 70
Romanus 111
Romulus 48 f.
Rubens, Peter Paul 130, *131*
Rubens, Philipp *131*

Sappho 36
Sartre, Jean-Paul 68
Schadewaldt, Wolfgang 132
Schiller, Friedrich 96
Schlegel, August Wilhelm 132
Schopenhauer, Arthur 132
Scipio Africanus der Ältere (Publius Cornelius S. A. maior) 116
Scipio Africanus der Jüngere (Publius Cornelius S. Aemilianus Africanus = S. Africanus minor) 15
Sejan (Lucius Aelius Seianus 7, 21, 25
Seneca (Lucius Annaeus Seneca der Ältere; Vater) 8 ff., 20, 40
Serenus (Annaeus S.) 19, 67 ff., 87, 97, 106, 120
Sextius (Quintus S.) 18
Shakespeare, William 130 f.
Silius (Gaius S.) 32
Sokrates 13, 19, 39, 58, 65, 68, 73, 119, 125 f., *14*
Sophokles 84 f.
Sotion 18
Stilpon 69
Stroh, Wilfried 82, 95, 132
Subrius Flavus 122, 124
Sueton (Gaius Suetonius Tranquillus) 22, 24, 26, 31, 48, 92, 121
Sulpicius Asper 123
Suillius (Publius S.) 32, 73, 103

Tacitus (Publius Cornelius T.) 26, 32, 34 ff., 46, 53 f., 59 ff., 73, 82, 92, 98, 100, 104, 121 f., 124 f., 127
Terentius Varro (Marcus T. V.) 50
Tertullian (Quintus Septimius Florens) 128
Themistokles 80
Theophrast 107
Thomas von Kempen 130
Thrasea Paetus 115, 120, 122, 126
Tiberius Claudius (erster Gatte Livias) 27
Tiberus, Kaiser (T. Julius Caesar Augustus) 7, 11, 22 f., 25, 27 ff., 36, 46 f, 59 f., 88
Tigellinus (Ofonius T.) 34, 101, 111, 122
Trajan (Marcus Ulpius Traianus) 59

Valerius Asiaticus 32
Valla, Lorenzo 130
Varius (Lucius V.) 81
Vergil (Publius Vergilius Maro) 51, 56, 81, 89, 112
Vestinus (Marcus V. Atticus) 125
Veyne, Paul 113
Vindex (Gaius Julius V.) 126

Wieland, Christoph Martin 55
Winckelmann, Johann Joachim 132
Wouwere, Jan van der *131*

Xerxes 121

Zenon von Kition 13, 15, 57, 71, 117, *16*

Über die Autorin

Dr. Marion Giebel, geboren 1939 in Frankfurt am Main, Studium der Klassischen Philologie und Germanistik, 1965 Promotion in Frankfurt bei Harald Patzer über «Athene als göttliche Helferin in der Odyssee. Untersuchungen zur epischen Aristie» (Marion Müller, Heidelberg 1966). Anschließend Verlagsausbildung. Als Verlagslektorin Herausgabe antiker und deutscher Literatur. Dann freiberufliche Tätigkeit als Autorin, Übersetzerin und Herausgeberin. Zweisprachige kommentierte Ausgaben, darunter mehrere Cicero-Reden, Briefe Ciceros, Quintilian, Sueton, Augustus, Plutarch, Livius, Plinius, Velleius Paterculus und Seneca. Rowohlts Monographien «Cicero» (1977), «Sappho» (1980), «Augustus» (1984), «Vergil» (1986), «Ovid» (1991), außerdem: «Das Geheimnis der Mysterien. Antike Kulte in Rom, Griechenland und Ägypten», Zürich–München 1990, ND Düsseldorf–Zürich 2000; «Cicero zum Vergnügen», eine Auswahl aus seinen Werken und Briefen, Stuttgart (Reclam) 1997; «Das Orakel von Delphi. Geschichte und Texte», Stuttgart (Reclam) 2001; «Reisen in der Antike», Düsseldorf–Zürich 1999; «Kaiser Julian Apostata. Die Wiederkehr der alten Götter», Düsseldorf–Zürich 2002; «Tiere in der Antike», Darmstadt–Stuttgart 2003; «Träume in der Antike», Stuttgart (Reclam) 2006; «Dichter Kaiser Philosophen. Ein literarischer Führer durch das antike Italien», Stuttgart (Reclam) 2007; «Rosen und Reben. Gärten in der Antike», Darmstadt 2011. Regelmäßige Rundfunksendungen sowie Volkshochschultätigkeit. Lebt bei München.

Quellennachweis der Abbildungen

Angelika Mugler, Grünwald: 2, 39
Peter Grau, Pullach: 6, 21, 93
Bildarchiv Foto Marburg: 9, 14, 23, 29, 72, 77, 103, 123
Dorit Rudolph, Chemnitz: 11, 22, 25
Glyptothek München (Fotos Chr. Koppermann): 15, 61
Archäologisches Institut der Universität Bonn, Photothek: 16
Universität Köln, Institut für Altertumskunde: 26
Gunter Giebel, Pullach: 28, 81
Aus: Kurt Lange: Herrscherköpfe des Altertums. Berlin, Zürich 1938: 30
Staatliche Kunsthalle, Karlsruhe: 33
Christian Gartmayr, München: 37, 83, 108
Bildarchiv Preußischer Kulturbesitz, Berlin: 41
Württembergisches Landesmuseum Stuttgart: 45
Kunsthistorisches Museum, Wien: 47
Celia Körber-Leupold, Stadtkonservator Köln: 49
Aus: German Hafner: Athen und Rom. Baden-Baden 1979: 52 (cliché Bibliothèque Nationale de France – Paris), 90
Kölner Dom: 54 (Foto: Rheinisches Bildarchiv, Köln)
Matthias Creutziger, Mutterstadt: 57, 105
Aus: Helga von Heintze: Römische Porträts. Darmstadt 1974: 64
Bayerische Staatsbibliothek München: 66, 125
Prähistorische Staatssammlung, Museum für Vor- und Frühgeschichte, München: 75
Foto Klaus G. Beyer, Weimar: 78, 79
Stephan Heigl, München: 87, 96
Stefan Freund, Schwabach: 99
Römisch-Germanisches Museum, Köln: 100 (Foto: Rheinisches Bildarchiv, Köln)
Staatliche Museen Kassel: 101
Helga Ruppert-Tribian, Frankfurt a. M.: 102
Staatliche Museen zu Berlin – Preußischer Kulturbesitz, Kunstgewerbemuseum: 113
Bayerisches Nationalmuseum, München: 118
Archiv des Münsterbauamtes, Ulm: 127, 129
Archiv für Kunst und Geschichte, Berlin: 61, 131